LIBERTÉ FINANCIÈRE

DEVENIR LIBRE FINANCIÈREMENT

Nicolas AFFRANCHI

Les Secrets Pour Reprendre Votre Destin En Main

DEVENIR LIBRE FINANCIÈREMENT

Nicolas AFFRANCHI / Copyright©2025
Tous droits réservés.
Marque éditoriale: Independently published
ISBN: 9798345598290

Table des matières

DÉDICACE v
AVANT-PROPOS vi
INTRODUCTION 1
 I.1 **La quête universelle de la liberté financière** 1
  I.1.1 L'importance universelle de la liberté financière 1
  I.1.2 Mythes et réalités 3
  I.1.3 Le pouvoir de la transformation financière 5
 I.2 **L'impact de la liberté financière sur la qualité de vie** 7
  I.2.1 Vivre sans pression financière 7
  I.2.2 La capacité de choisir 9
  I.2.3 L'importance de la préparation 11
 I.3 **Comment ce livre vous guidera vers la liberté financière** 12
  I.3.1 Une approche étape par étape 12
  I.3.2 Des conseils pratiques et réalisables 14
  I.3.3 Inspiré par des réussites réelles 16
Chapitre 1: Comprendre votre situation financière actuelle 19
 1.1 **Évaluation financière** 19
  1.1.1 Faire un bilan de vos actifs et passifs 19
  1.1.2 Analyser vos dépenses mensuelles 23
  1.1.3 Identifier les fuites financières 25
 1.2 **Les obstacles à la liberté financière** 28
  1.2.1 Les dettes et comment elles vous retiennent 28
  1.2.2 Les croyances limitatives sur l'argent 31
  1.2.3 Les pièges de la société de consommation 34
 1.3 **Définir vos objectifs financiers** 36
  1.3.1 Comprendre l'importance des objectifs clairs 36
  1.3.2 Établir des objectifs à court, moyen et long terme 39
  1.3.3 Comment rendre vos objectifs SMART (Spécifiques, Mesurables, Atteignables, Réalistes, Temporellement définis) 42

Chapitre 2: L'importance de l'épargne 45
2.1 Pourquoi épargner? 45
2.1.1 La sécurité financière 45

2.1.2 La puissance des intérêts composés 47

2.1.3 Se préparer pour les imprévus 49

2.2 Comment épargner efficacement 51
2.2.1 Automatiser l'épargne 51

2.2.2 Les différents produits d'épargne 53

2.2.3 Épargner selon ses priorités 56

2.3 Défis et solutions de l'épargne 58
2.3.1 Surmonter les tentations de dépense 58

2.3.2 Adapter son mode de vie 60

2.3.3 Trouver des sources de revenus supplémentaires pour augmenter l'épargne 63

Chapitre 3: Investir pour l'avenir 66
3.1 Les bases de l'investissement 66
3.1.1 Comprendre les différents types d'investissements 66

3.1.2 Le risque vs le rendement 68

3.1.3 L'importance de la diversification 70

3.2 Comment choisir où investir 72
3.2.1 Évaluer son profil de risque 72

3.2.2 Recherche et éducation financière 74

3.2.3 Conseils pour éviter les pièges courants de l'investissement 76

3.3 Maximiser les rendements 78
3.3.1 L'importance de la patience et de la vision à long terme 78

3.3.2 Réinvestir les gains 80

3.3.3 Suivre et ajuster régulièrement son portefeuille 82

Chapitre 4: Diversifier ses revenus 85
4.1 Pourquoi diversifier? 85
4.1.1 Les risques d'une seule source de revenus 85

4.1.2 Les avantages de multiples flux de revenus 87

4.1.3 Exemples de réussites grâce à la diversification 89
4.2 Comment créer des sources de revenus passifs 91
   4.2.1 Investissements immobiliers 91
   4.2.2 Créer un produit ou un service en ligne 94
   4.2.3 Investir dans des entreprises ou des startups 96
4.3 Gérer et optimiser ses sources de revenus 98
   4.3.1 Suivre ses revenus et dépenses 98
   4.3.2 Réinvestir pour la croissance 100
   4.3.3 Éviter la complaisance: Toujours chercher de nouvelles opportunités 101

Chapitre 5: Vivre en dessous de ses moyens 104
5.1 La sagesse derrière cette philosophie 104
   5.1.1 Les dangers de la surconsommation 104
   5.1.2 La paix d'esprit d'une vie simplifiée 106
   5.1.3 Comment cela accélère la liberté financière 108
5.2 Comment réduire ses dépenses sans sacrifier la qualité de vie 109
   5.2.1 Évaluer ce qui compte vraiment 109
   5.2.2 Astuces pour économiser sur les dépenses courantes 111
   5.2.3 Adopter une mentalité minimaliste 113
5.3 Surmonter les défis sociaux et culturels 115
   5.3.1 La pression de la société pour dépenser 115
   5.3.2 Trouver le bon équilibre entre économiser et profiter 117
   5.3.3 S'entourer de personnes ayant des valeurs similaires 119

Chapitre 6: Se fixer des objectifs et rester motivé 122
6.1 L'importance de la vision 122
   6.1.1 Visualiser votre avenir financier 122
   6.1.2 Comment une vision claire guide vos actions 124
   6.1.3 Exemples inspirants de personnes ayant atteint leurs objectifs financiers 126
6.2 Techniques pour rester motivé 127
   6.2.1 Célébrer les petites victoires 127

6.2.2 Se rappeler le "pourquoi" derrière vos objectifs 129

6.2.3 Se ressourcer avec des lectures et des formations 132

6.3 Surmonter les obstacles et les échecs 134

6.3.1 Apprendre de ses erreurs 134

6.3.2 Adapter et ajuster ses stratégies 136

6.3.3 Trouver du soutien lors des moments difficiles 138

Conclusion: 140

C.1 La transformation par la liberté financière 140

C.1.1 Le voyage vers la liberté financière 140

C.1.2 La paix intérieure 142

C.1.3 L'impact sur les générations futures 144

C.2 Les actions à entreprendre dès maintenant 146

C.2.1 La proactivité 146

C.2.2 L'éducation continue 148

C.2.3 La communauté 150

C.3 Votre avenir financier est entre vos mains 152

C.3.1 La responsabilité personnelle 152

C.3.2 La vision à long terme 154

C.3.3 Quelles sont Les 7 clés pour prendre votre destinée en main? 156

C.3.4 Un appel à l'action 158

Bibliographie 161

DÉDICACE

À tous ceux qui ont des soucis financiers, je dédie ces mots sincères,
À ceux qui peinent chaque jour, sans relâche, sans lumière.
À ceux qui luttent pour leur famille, pour un meilleur lendemain,
Je dis que vous n'êtes pas seuls, nous avons traversé le même chemin.

Par le travail, par la force, avec détermination,
Nous avons tracé notre voie vers la libération.
Face à l'adversité, nous avons fait notre bilan froid,
Pour prendre des décisions sages, pour un avenir plus droit.

Gardez espoir, ne perdez jamais votre foi,
Car votre courage, votre persévérance, seront votre joie.
À vos côtés, nous nous tenons, dans cette quête de résilience,
Votre lutte finira par payer, et vous trouverez votre délivrance.

Ensemble, nous croyons en un avenir plus lumineux,
Où la liberté financière sera le fruit précieux.
Cette dédicace est un rappel que vous n'êtes pas seuls,
Continuez à avancer, à persévérer, à garder les yeux vers les étoiles.

Avec admiration et encouragement,

Nicolas **AFFRANCHI**

AVANT-PROPOS

Chers lecteurs,

Il y a des moments dans la vie où nous ressentons le besoin profond de partager nos expériences, nos connaissances et nos rêves avec les autres. C'est dans cet esprit que je vous présente **"L'art de la liberté financière : Les 7 clés pour prendre votre destinée en main"**. Ce livre est le fruit de ma propre quête de liberté financière, une quête qui a été marquée par des défis, des leçons, et finalement, par la réussite.

L'objectif de ce livre est simple : vous donner les clés pour prendre le contrôle de votre destinée financière. Face aux défis financiers actuels, il est encourageant de constater que la liberté financière est accessible à chacun de nous. Elle n'est pas réservée à une élite, mais accessible à tous ceux qui sont prêts à entreprendre le voyage.

Ce livre est conçu pour vous guider, pas à pas, à travers ce voyage vers la liberté financière. Nous explorerons ensemble les sept clés essentielles qui vous permettront de déverrouiller les portes de l'indépendance financière. Ces clés ne sont pas des formules magiques, mais plutôt des principes solides basés sur des années d'expérience, de recherche, et d'apprentissage.

Alors, pourquoi ai-je écrit ce livre ? La réponse est simple : parce que je suis passé par là. J'ai connu les luttes financières, les nuits sans sommeil à me demander comment payer les factures, et les doutes quant à un avenir financier incertain. Mais j'ai aussi vécu la transformation que la liberté financière peut apporter. J'ai appris à créer un plan financier solide, à investir de manière intelligente, et à vivre en accord avec mes valeurs les plus profondes.

J'ai écrit ce livre parce que je crois fermement que chacun de nous a le pouvoir de changer sa vie financière, quelles que soient les circonstances actuelles. Je l'ai écrit pour vous, qui vous battez pour joindre les deux bouts, pour offrir un meilleur avenir à votre famille, ou simplement pour trouver la tranquillité d'esprit dans votre relation avec l'argent. Vous n'êtes pas seuls dans cette quête, et je veux que vous sachiez que l'espoir et la réussite sont à votre portée.

Ce livre est un guide, mais il est également un témoignage de ma conviction en votre potentiel et en votre capacité à transformer votre vie financière. Il est temps de prendre votre destinée en main et de vous engager sur la voie de la liberté financière. Ensemble, nous allons ouvrir la porte vers un avenir plus lumineux.

Avec chaleur et détermination,

Nicolas **AFFRANCHI**

INTRODUCTION

I.1 La quête universelle de la liberté financière

I.1.1 L'importance universelle de la liberté financière

La liberté financière est un concept qui transcende les frontières géographiques, culturelles et sociales. Elle incarne un idéal que la plupart des individus cherchent à atteindre tout au long de leur vie. L'importance universelle de la liberté financière réside dans le fait qu'elle offre bien plus que de simples avantages matériels. Elle constitue un pilier fondamental du bien-être individuel, de la réalisation personnelle et de la capacité à façonner son propre destin. Dans cette section, nous explorerons en profondeur pourquoi la quête de la liberté financière revêt une importance universelle et comment elle peut impacter positivement la vie de chacun.

La liberté financière comme levier de la sécurité personnelle:

La sécurité personnelle est une préoccupation majeure pour tout être humain. Lorsque nous parlons de sécurité, il s'agit non seulement de la protection contre les menaces physiques, mais aussi de la sécurité économique. La liberté financière offre une protection contre les incertitudes économiques qui peuvent survenir à tout moment, qu'il s'agisse de pertes d'emploi inattendues, de problèmes de santé coûteux ou d'autres crises imprévues. Elle constitue un filet de sécurité qui permet de faire face à ces défis avec plus de sérénité, évitant ainsi le stress financier qui peut être dévastateur pour la santé mentale et physique.

La liberté financière et la réalisation de soi:

Chacun de nous a des rêves, des aspirations et des objectifs dans la vie. La plupart de ces ambitions nécessitent des ressources financières pour se concrétiser. Que ce soit la poursuite d'une carrière artistique, la création d'une entreprise ou la possibilité de voyager et d'explorer le monde, la liberté financière ouvre des portes qui autrement resteraient fermées. Elle donne aux individus la possibilité de réaliser leur plein potentiel en leur offrant la liberté de choisir leur chemin sans être entravés par des contraintes financières.

La liberté financière comme moyen de contribuer à la société:

Lorsque les individus parviennent à atteindre un certain niveau de liberté financière, ils ont la capacité d'apporter une contribution significative à la société. Ils peuvent soutenir des causes qui leur tiennent à cœur, investir dans l'éducation, la recherche, ou financer des projets sociaux. La liberté financière permet de devenir un acteur actif dans la création d'un impact positif sur le monde qui nous entoure. Elle favorise la générosité et l'engagement social, participant de à l'amélioration de la société dans son ensemble.

La liberté financière comme outil d'autonomie:

L'autonomie est un élément essentiel de la dignité humaine. Elle englobe la capacité à prendre des décisions importantes pour sa vie sans être contraint par des facteurs financiers. La liberté financière confère une autonomie considérable, permettant aux individus de décider de leur logement, de leur alimentation, de leur éducation, et de bien d'autres aspects essentiels de leur existence. Cela renforce leur confiance en eux-mêmes et leur sentiment de maîtrise sur leur propre destin.

La liberté financière comme source de paix intérieure:

La préoccupation constante pour les problèmes financiers peut être épuisante sur le plan émotionnel. La liberté financière libère l'esprit des soucis liés à l'argent, permettant ainsi aux individus de jouir d'une plus grande sérénité et de consacrer leur énergie mentale à des préoccupations plus positives et enrichissantes. Elle favorise une paix intérieure qui contribue à une meilleure santé mentale et émotionnelle.

La liberté financière et la transmission de valeurs:

La liberté financière permet également de transmettre des valeurs essentielles à la génération suivante. Elle offre la possibilité d'enseigner la responsabilité financière, l'épargne, l'investissement et la philanthropie à ses enfants et à ses proches, créant ainsi un héritage positif qui perdure au fil des générations.

La liberté financière comme catalyseur de l'épanouissement:

La liberté financière agit comme un catalyseur pour le développement personnel. Elle pousse les individus à dépasser leurs limites, à apprendre constamment et à se fixer des objectifs ambitieux. Ce processus d'amélioration continue contribue à l'épanouissement personnel, à la croissance personnelle et à l'accomplissement de soi.

L'importance universelle de la liberté financière transcende les barrières culturelles et géographiques, car elle touche à des besoins et des aspirations fondamentaux de l'être humain. Elle garantit la sécurité personnelle, facilite la réalisation de soi, favorise la contribution à la société, accroît l'autonomie, génère la paix intérieure, permet la transmission de valeurs et catalyse l'épanouissement personnel. La quête de la liberté financière devrait donc être considérée comme un voyage essentiel vers une vie plus épanouissante et significative.

I.1.2 Mythes et réalités

Notre quête de l'indépendance financière nécessite une compréhension claire des réalités, loin des idées préconçues. Trop souvent, des croyances erronées peuvent nous entraver et nous empêcher de prendre les mesures nécessaires pour atteindre notre objectif financier. Dans cette section, nous explorerons certains des mythes les plus courants liés à la liberté financière et les confronterons à la réalité pour éclairer notre chemin vers le succès financier.

Mythe 1: La liberté financière est réservée à une élite

L'un des mythes les plus répandus est que la liberté financière est un privilège réservé à une élite restreinte, composée de personnes exceptionnelles dotées de talents ou de compétences uniques. La réalité, cependant, est que la liberté financière est accessible à tous, indépendamment de leur origine sociale, de leur niveau d'éducation ou de leur bagage génétique. Cela demande un engagement, de la persévérance, et la volonté d'apprendre et de s'adapter.

Mythe 2: Il faut être extrêmement riche pour être financièrement libre

Une autre idée fausse courante est que la liberté financière exige une richesse colossale. En réalité, il s'agit davantage de gérer judicieusement ses ressources financières et de développer des habitudes d'épargne et d'investissement prudentes. La liberté financière ne signifie pas nécessairement être milliardaire, mais plutôt avoir suffisamment d'argent pour vivre confortablement sans être esclave de la routine du salariat.

Mythe 3: La chance est le facteur déterminant

Certaines personnes attribuent leur réussite financière à la chance, affirmant que seules quelques personnes chanceuses parviennent à la liberté financière. La réalité est que la chance peut jouer un rôle, mais elle ne devrait pas être la principale force motrice derrière nos objectifs financiers. La persévérance, le travail acharné, l'éducation financière et la gestion prudente de l'argent sont des éléments bien plus importants pour atteindre la liberté financière.

Mythe 4: Il faut sacrifier sa vie personnelle pour réussir financièrement

Une croyance répandue est que pour atteindre la liberté financière, il faut sacrifier sa vie personnelle au profit du travail acharné. Il est tout à fait possible de trouver un équilibre entre le succès financier et une vie épanouissante. La gestion efficace du temps, la définition de priorités claires et la recherche de formes de revenus passifs peuvent contribuer à atteindre cet équilibre.

Mythe 5: Investir est réservé aux experts en finance

De nombreuses personnes évitent l'investissement en raison de la croyance que cela nécessite une expertise financière avancée. En réalité, il existe de nombreuses ressources et moyens d'apprendre les bases de l'investissement, même pour les débutants. L'éducation financière est accessible à tous, et il est possible de commencer petit et d'apprendre au fur et à mesure.

Mythe 6: La liberté financière signifie cesser de travailler

Une idée fausse courante est que la liberté financière implique nécessairement de cesser de travailler complètement. En réalité, il s'agit plutôt de la possibilité de choisir quand et comment vous travaillez, ce qui peut inclure la poursuite de projets passionnants ou la création d'une entreprise que vous aimez.

Mythe 7: Il est trop tard pour commencer

Beaucoup de gens pensent qu'il est trop tard pour commencer à travailler vers leur liberté financière, surtout s'ils ont atteint un certain âge. Il n'est jamais trop tard pour prendre des mesures positives envers ses objectifs financiers. Plus tôt vous commencez, mieux c'est, mais il est toujours possible de faire des progrès significatifs à n'importe quel stade de la vie.

Il est impératif de remettre en question les mythes qui entourent la liberté financière et de se concentrer sur les réalités du cheminement vers cet objectif. La liberté financière est accessible à tous, demande de la persévérance et de l'apprentissage, et n'implique pas nécessairement de sacrifier sa vie personnelle ou de devenir un expert en finance. Il est temps de dépasser les croyances limitantes pour prendre notre destinée financière en main.

I.1.3 Le pouvoir de la transformation financière

La liberté financière n'est pas seulement un objectif financier, c'est aussi un voyage de transformation personnelle profonde. Elle va bien au-delà de l'accumulation de richesses matérielles; elle a le pouvoir de remodeler complètement votre vie, de libérer votre potentiel et de vous permettre de prendre votre destinée en main. Dans cette section, nous allons explorer en détail le pouvoir de la transformation financière et comment elle peut catalyser un changement positif dans tous les aspects de votre existence.

1. Libération de la peur et de l'anxiété financière: Lorsque vous atteignez un certain niveau de liberté financière, vous libérez votre esprit de la constante inquiétude quant à l'argent. Les soucis liés aux factures à payer, aux dettes accumulées, et à la sécurité financière deviennent moins oppressants. Cette libération de la peur et de l'anxiété financière est un pouvoir extraordinaire qui permet de se concentrer sur des objectifs plus élevés et de vivre avec un sentiment de sérénité.

2. Expansion des horizons: La transformation financière élargit vos horizons. Vous avez la possibilité d'explorer de nouvelles opportunités, de voyager, de poursuivre des passions longtemps négligées, et d'élargir vos expériences de vie. Vous n'êtes plus limité par des contraintes financières qui restreignent vos choix, ce qui vous permet d'explorer et de découvrir un monde d'opportunités.

3. Réalisation de soi: Lorsque vous prenez en main votre destinée financière, vous avez l'occasion de vous connaître véritablement. Vous découvrez vos valeurs, vos priorités, et ce qui vous motive réellement. Cette introspection profonde est souvent le catalyseur de la réalisation de soi, vous aidant à vivre une vie alignée avec vos passions et vos objectifs personnels.

4. Création d'impact et de sens: La transformation financière vous permet de créer un impact significatif dans votre vie et dans la vie des autres. Vous pouvez soutenir des causes qui vous tiennent à cœur, contribuer à des projets philanthropiques, et participer activement à l'amélioration de la société. Cette capacité à générer du sens et de l'impact dans le monde est une source de satisfaction et d'épanouissement profond.

5. Autonomie et confiance en soi: La liberté financière renforce votre autonomie. Vous devenez le maître de vos choix financiers, prenant des décisions éclairées en fonction de vos objectifs et de vos valeurs. Cette autonomie renforce également votre confiance en vous, car vous réalisez que vous avez la capacité de surmonter les défis financiers et de créer la vie que vous désirez.

6. Épanouissement des relations: La transformation financière peut également améliorer vos relations personnelles. Vous avez plus de temps et de ressources pour consacrer à vos proches, renforçant ainsi vos liens familiaux et amicaux. Lorsque vous êtes financièrement stable, vous êtes souvent plus en mesure de soutenir vos proches en cas de besoin, créant ainsi des relations plus solides et plus significatives.

7. Quête de l'excellence: La poursuite de la liberté financière encourage l'excellence. Vous cherchez à vous améliorer constamment, à apprendre de nouvelles compétences, et à vous dépasser. Cette quête de l'excellence s'étend à tous les domaines de votre vie, car vous réalisez que la croissance personnelle est la clé de votre succès financier continu.

8. Inspirer les autres: Votre transformation financière peut inspirer les autres. Votre parcours devient un exemple de ce qui est possible avec la détermination, l'éducation financière, et le travail acharné. Vous pouvez encourager ceux qui vous entourent à suivre leur propre chemin vers la liberté financière, créant ainsi un effet positif en cascade.

Le pouvoir de la transformation financière est profond et transformatif. Elle libère des peurs, élargit les horizons, favorise la réalisation de soi, crée un impact significatif, renforce l'autonomie et la confiance en soi, améliore les relations, encourage la quête de l'excellence, et inspire les autres. Il s'agit d'un voyage qui va bien au-delà de l'argent et qui vous permet de prendre votre destinée en main.

I.2 L'impact de la liberté financière sur la qualité de vie

I.2.1 Vivre sans pression financière

Lorsque nous évoquons la quête de la liberté financière, l'un des aspects les plus attrayants qui émerge est la possibilité de vivre sans la pression financière constante qui pèse sur tant de vies. La pression financière est un fardeau qui peut avoir un impact significatif sur la qualité de vie, la santé mentale et émotionnelle, ainsi que sur les relations personnelles. Dans cette section, nous allons explorer en détail pourquoi vivre sans pression financière est un élément clé de la liberté financière et comment cela peut transformer votre existence.

1. La pression financière et son impact: La pression financière se manifeste sous de nombreuses formes: des dettes étouffantes, des factures impayées, l'incertitude quant à la sécurité de l'emploi, la lutte pour joindre les deux bouts chaque mois, et la peur du futur financier. Cette pression constante peut entraîner des niveaux élevés de stress, d'anxiété, et même de dépression. Elle peut également affecter les relations personnelles, car les préoccupations financières peuvent créer des conflits et des tensions au sein de la famille et des amis.

2. Vivre sans la pression financière: La liberté financière offre un moyen de sortir de ce cercle vicieux de la pression financière. Lorsque vous avez suffisamment d'argent pour couvrir vos besoins essentiels et que vous disposez d'une marge de manœuvre financière, vous êtes en mesure de vivre sans l'angoisse constante liée à l'argent. Vous n'êtes plus contraint par les factures à payer ou par la menace d'une dette écrasante. Cette libération de la pression financière est une véritable bouffée d'air frais pour votre bien-être général.

3. Les avantages pour la qualité de vie: Vivre sans pression financière améliore considérablement la qualité de vie. Vous pouvez vous concentrer sur des aspects plus importants de votre existence, tels que votre santé, vos relations, vos passions et vos objectifs personnels. Vous avez la liberté de faire des choix qui contribuent à votre bien-être, plutôt que de vous sentir constamment stressé par les défis financiers.

4. L'impact sur la santé mentale et émotionnelle: La pression financière peut être dévastatrice pour la santé mentale et émotionnelle. Le stress financier chronique peut entraîner des problèmes tels que l'anxiété, la dépression et l'insomnie. Il peut également avoir un impact sur la capacité à prendre des décisions rationnelles et à maintenir des relations saines. La liberté financière offre une échappatoire à cette pression, favorisant une meilleure santé mentale et émotionnelle.

5. Des relations plus saines: Les préoccupations financières peuvent exercer une pression énorme sur les relations personnelles. Les conflits liés à l'argent sont l'une des principales causes de stress dans les couples et les familles. Lorsque vous vivez sans pression financière, vous pouvez éliminer une source majeure de tension dans vos relations. Vous avez également la possibilité de soutenir financièrement vos proches en cas de besoin, ce qui renforce les liens familiaux et amicaux.

6. La possibilité de se consacrer à ses passions: La liberté financière vous donne la possibilité de vous consacrer à vos passions et à vos intérêts personnels. Vous n'êtes plus contraint par un emploi que vous détestez simplement pour joindre les deux bouts. Vous pouvez explorer des activités qui vous inspirent, que ce soit la peinture, la musique, le bénévolat, ou la création d'une entreprise qui vous passionne.

7. La construction d'un avenir sûr: Vivre sans pression financière signifie également que vous pouvez vous concentrer sur la construction d'un avenir sûr et stable. Vous pouvez épargner et investir pour votre retraite, pour l'éducation de vos enfants, ou pour réaliser des projets à long terme. Cette sécurité financière à long terme vous permet de planifier votre avenir avec confiance.

8. La paix intérieure: Vivre sans pression financière apporte une paix intérieure précieuse. Vous n'êtes plus constamment tourmenté par l'argent. Vous pouvez dormir la nuit sans soucis incessants, et vous vous réveillez chaque matin en sachant que vous avez la stabilité financière nécessaire pour faire face aux défis qui se présentent.

Vivre sans pression financière est l'un des aspects les plus gratifiants de la liberté financière. Cela améliore la qualité de vie, favorise la santé mentale et émotionnelle, renforce les relations personnelles, permet de se consacrer à ses passions, offre la sécurité financière à long terme, et apporte une paix intérieure précieuse. La quête de la liberté financière est donc non seulement un voyage financier, mais aussi une voie vers un bien-être général et une meilleure qualité de vie.

I.2.2 La capacité de choisir

La liberté financière, bien au-delà de la simple accumulation de richesses, confère une capacité extraordinaire: celle de choisir. Cette capacité de choisir est au cœur de la quête de la liberté financière, car elle permet à chaque individu de façonner sa propre destinée en fonction de ses désirs, de ses valeurs et de ses aspirations. Dans cette section, nous allons explorer en profondeur pourquoi la capacité de choisir est un élément crucial de la liberté financière et comment elle peut transformer la vie de manière significative.

1. L'autonomie dans les décisions financières: La liberté financière vous donne l'autonomie dans vos décisions financières. Vous n'êtes plus contraint par des besoins financiers urgents qui dictent chaque choix. Vous avez la capacité de prendre des décisions éclairées sur la façon dont vous utilisez votre argent, que ce soit pour investir dans votre éducation, pour démarrer une entreprise, pour voyager, ou pour soutenir des causes qui vous tiennent à cœur. Cette autonomie vous permet de vivre une vie qui reflète vos valeurs et vos priorités.

2. La liberté de choisir comment vous travaillez: Lorsque vous êtes financièrement libre, vous avez la liberté de choisir comment vous gagnez votre vie. Vous n'êtes plus contraint par un emploi qui ne vous satisfait pas ou qui ne correspond pas à vos aspirations. Vous pouvez choisir de travailler dans un domaine qui vous passionne, de devenir entrepreneur, de travailler à temps partiel, ou même de prendre des périodes sabbatiques pour explorer de nouvelles opportunités. La capacité de choisir votre carrière contribue à votre épanouissement professionnel.

3. La flexibilité dans le mode de vie: La liberté financière offre la flexibilité de choisir le mode de vie que vous désirez. Que vous souhaitiez vivre dans une grande ville, dans un petit village, à la campagne, ou à l'étranger, la liberté financière vous permet de faire ces choix en fonction de ce qui vous convient le mieux. Vous pouvez également décider de travailler à distance, de passer plus de temps en famille, ou de prendre des congés prolongés pour poursuivre vos rêves. Cette flexibilité dans le mode de vie est une expression concrète de la capacité de choisir.

4. La possibilité de donner: La capacité de choisir inclut également la possibilité de donner. Lorsque vous êtes financièrement libre, vous pouvez choisir de soutenir des causes qui vous tiennent à cœur. Vous pouvez faire des dons à des organisations caritatives, parrainer des projets communautaires, ou aider des amis et des proches en difficulté. La liberté financière vous permet de faire une réelle différence dans le monde grâce à votre générosité.

5. L'investissement dans l'éducation continue: La liberté financière vous donne la possibilité d'investir dans votre éducation continue. Vous pouvez choisir de suivre des formations, d'acquérir de nouvelles compétences, ou de poursuivre des diplômes avancés sans être limité par le coût. Cette recherche constante de la connaissance vous permet de rester compétent et de vous adapter à un monde en évolution constante.

6. Le pouvoir de dire "non»: Une autre facette importante de la capacité de choisir est le pouvoir de dire "**non**". Vous pouvez choisir de refuser des opportunités, des engagements ou des projets qui ne correspondent pas à vos objectifs ou à vos valeurs. Cette capacité à définir vos propres limites est essentielle pour préserver votre bien-être et votre équilibre.

7. L'exploration de vos passions: La liberté financière vous offre la possibilité d'explorer vos passions. Vous pouvez choisir de consacrer du temps et des ressources à des activités qui vous inspirent, que ce soit la peinture, la musique, le sport, ou la philanthropie. Cette exploration de vos passions nourrit votre âme et contribue à votre épanouissement personnel.

La capacité de choisir est un élément fondamental de la liberté financière. Elle englobe l'autonomie dans les décisions financières, la liberté de choisir comment vous travaillez, la flexibilité dans le mode de vie, la possibilité de donner, l'investissement dans l'éducation continue, le pouvoir de dire "**non**", et l'exploration de vos passions. Elle vous permet de prendre votre destinée en main, de vivre une vie qui vous ressemble, et d'apporter une contribution significative au monde qui vous entoure.

I.2.3 L'importance de la préparation

Dans la quête de la liberté financière, l'importance de la préparation ne peut être sous-estimée. La préparation est la clé qui ouvre la porte à un avenir financier plus stable et épanouissant. Elle englobe la planification, l'éducation financière, la gestion judicieuse des ressources et la prévoyance. Dans cette section, nous allons explorer en profondeur pourquoi la préparation est un élément essentiel de la liberté financière et comment elle peut vous aider à prendre en main votre destinée.

1. La préparation crée une base solide: Imaginez que votre quête de liberté financière soit une maison que vous construisez. La préparation en est la fondation. Sans une base solide, la maison risque de s'effondrer. De même, la préparation financière crée une base solide sur laquelle vous pouvez construire votre avenir financier. Elle vous permet de comprendre vos objectifs, de planifier stratégiquement et d'établir des bases solides pour une sécurité financière à long terme.

2. Éducation financière: L'une des formes les plus puissantes de préparation est l'éducation financière. Comprendre les principes de base de la gestion de l'argent, de l'investissement, de l'épargne et de la gestion des dettes est essentiel pour prendre des décisions financières éclairées. L'éducation financière vous donne le pouvoir de naviguer dans le monde financier complexe et de faire des choix judicieux qui favorisent la croissance de votre patrimoine.

3. Gestion prudente des ressources: La préparation financière vous apprend à gérer judicieusement vos ressources. Cela inclut la gestion de votre revenu de manière à maximiser vos économies et à investir pour l'avenir. La gestion des ressources implique également la réduction des dépenses superflues et la recherche de moyens d'optimiser vos finances, ce qui contribue à la croissance de votre patrimoine.

4. Prévoyance et planification: La préparation financière vous encourage à être prévoyant et à planifier pour l'avenir. Cela signifie envisager des scénarios possibles, tels que des situations d'urgence ou des retournements de situation imprévus, et mettre en place des mesures pour atténuer les risques. La planification financière à long terme vous aide à définir des objectifs clairs et à élaborer des stratégies pour les atteindre.

5. Préparation mentale: La préparation financière ne concerne pas seulement les aspects pratiques, elle a également une dimension mentale. Elle vous prépare mentalement aux défis et aux opportunités qui peuvent se présenter sur votre chemin vers la liberté financière. La préparation mentale vous aide à développer la résilience face aux revers financiers et à maintenir votre détermination à long terme.

6. Réduction du stress financier: La préparation financière réduit le stress financier. Lorsque vous êtes préparé, vous avez moins de raisons de vous inquiéter constamment de l'argent. Vous savez que vous avez des ressources en place pour faire face aux imprévus, ce qui vous permet de vivre plus sereinement. Moins de stress financier signifie également une meilleure santé mentale et émotionnelle.

7. Maximisation des opportunités: La préparation vous met en position de maximiser les opportunités financières qui se présentent à vous. Que ce soit pour investir dans une entreprise, saisir une occasion d'achat immobilier ou démarrer un projet personnel, la préparation financière vous permet d'agir rapidement et efficacement lorsque de telles opportunités se présentent.

8. Responsabilité personnelle: La préparation financière est également une question de responsabilité personnelle. Elle vous pousse à prendre le contrôle de vos finances et à ne pas dépendre uniquement de facteurs externes ou de la chance. Cette responsabilité renforce votre autonomie financière et vous aide à prendre en main votre destinée.

L'importance de la préparation dans la quête de la liberté financière est cruciale. Elle crée une base solide, favorise l'éducation financière, encourage la gestion prudente des ressources, renforce la prévoyance et la planification, prépare mentalement, réduit le stress financier, maximise les opportunités et renforce la responsabilité personnelle. La préparation vous donne le pouvoir de façonner votre propre destinée financière de manière consciente et délibérée.

I.3 Comment ce livre vous guidera vers la liberté financière

I.3.1 Une approche étape par étape

Un plan structuré est la première étape vers votre liberté financière. C'est là qu'intervient l'importance d'une approche étape par étape. Ce livre a été conçu pour vous guider méthodiquement à travers les différentes étapes nécessaires pour prendre en main votre destinée financière. Dans cette section, nous allons explorer en détail pourquoi une approche étape par étape est essentielle et comment elle vous aidera à atteindre la liberté financière.

1. La clarté dans l'action: Une approche étape par étape apporte une clarté essentielle à votre parcours vers la liberté financière. Elle divise un objectif apparemment vaste et intimidant en étapes plus gérables et spécifiques. Cela vous permet de voir clairement ce que vous devez faire à chaque étape du chemin, éliminant ainsi la confusion et l'incertitude.

2. L'établissement d'objectifs précis: Chaque étape de cette approche vous aidera à établir des objectifs financiers précisVous avez besoin d'objectifs précis pour rester motivé et concentré. Ces objectifs vous serviront de boussole, vous indiquant la direction à suivre et mesurant vos progrès.

3. La motivation continue: Une approche étape par étape maintient votre motivation à un niveau élevé. En accomplissant chaque étape avec succès, vous renforcez votre confiance en vos capacités et ressentez un sentiment d'accomplissement. Cela vous motive à continuer à avancer et à travailler vers l'étape suivante.

4. L'adaptabilité: La vie est pleine de changements imprévus, et votre voyage vers la liberté financière ne fait pas exception. Une approche étape par étape vous permet de vous adapter aux défis et aux opportunités qui se présentent en cours de route. Vous pouvez ajuster vos étapes en fonction de votre situation actuelle tout en restant aligné sur votre objectif final.

5. La réduction du stress: Le stress financier est une réalité pour de nombreuses personnes, en particulier lorsqu'elles sont confrontées à des défis financiers complexes et apparemment insurmontables. Une approche étape par étape réduit le stress en décomposant ces défis en étapes plus simples et gérables. Vous avez ainsi l'assurance que vous travaillez systématiquement vers la résolution de problèmes financiers.

6. L'apprentissage progressif: Chaque étape de cette approche est l'occasion d'apprendre et de grandir. Vous développerez des compétences financières, des connaissances et des perspectives qui vous aideront à prendre des décisions plus éclairées et à éviter les pièges financiers courants. L'apprentissage progressif est un aspect essentiel de votre parcours vers la liberté financière.

7. La persévérance: Atteindre la liberté financière demande de la persévérance. Une approche étape par étape renforce votre capacité à persévérer. Chaque étape franchie représente une victoire, et cela vous rappelle que vous êtes sur la bonne voie. Cela vous donne la force de surmonter les obstacles et de continuer à avancer, même lorsque les choses deviennent difficiles.

8. La construction d'habitudes positives: La répétition de tâches et d'actions positives à chaque étape de votre parcours vous aide à construire des habitudes financières saines. Ces habitudes deviendront une seconde nature au fil du temps, renforçant ainsi votre stabilité financière et votre capacité à maintenir votre liberté financière une fois atteinte.

9. La réalisation d'un rêve à la fois: La liberté financière peut sembler un rêve lointain lorsque l'on regarde l'objectif final. Une approche étape par étape vous permet de réaliser un rêve à la fois. Vous pouvez célébrer chaque étape franchie comme un accomplissement majeur qui vous rapproche de votre objectif ultime.

10. La transformation personnelle: Finalement, une approche étape par étape ne sert pas seulement à atteindre la liberté financière, mais elle favorise également une transformation personnelle profonde. Elle développe votre discipline, votre patience, votre résilience et votre confiance en vous. Elle vous aide à grandir en tant qu'individu tout en construisant un avenir financier solide.

Une approche étape par étape est le fondement de ce livre pour vous guider vers la liberté financière. Elle offre clarté, établit des objectifs précis, maintient la motivation, permet l'adaptabilité, réduit le stress, favorise l'apprentissage progressif, renforce la persévérance, construit des habitudes positives, réalise des rêves et conduit à une transformation personnelle profonde. Elle vous aide à prendre votre destinée financière en main, une étape à la fois.

I.3.2 Des conseils pratiques et réalisables

DEVENIR LIBRE FINANCIÈREMENT

Des conseils réalisables vous aideront à atteindre vos objectifs financiers. Ce livre a pour objectif de vous fournir des conseils concrets, applicables dans la vie de tous les jours, afin que vous puissiez progresser vers la liberté financière de manière réaliste et efficace. Dans cette section, nous allons explorer en détail pourquoi des conseils pratiques et réalisables sont cruciaux et comment ils vous aideront à atteindre vos objectifs financiers.

1. Passer de la théorie à l'action: Il est courant de trouver de nombreux conseils financiers théoriques dans les livres et sur Internet, mais il peut être difficile de les mettre en pratique dans la réalité. Des conseils pratiques et réalisables vous aident à passer de la théorie à l'action. Ils vous indiquent précisément comment mettre en œuvre des stratégies financières pour atteindre vos objectifs.

2. Créer des habitudes durables: L'une des clés de la liberté financière est de développer des habitudes financières saines. Les conseils pratiques vous montrent comment créer et maintenir ces habitudes de manière durable. Ils vous guident dans l'établissement de routines financières qui deviendront une seconde nature au fil du temps.

3. Éviter la surcharge d'information: L'un des défis majeurs dans la gestion financière personnelle est la surcharge d'information. Il y a tellement de conseils et de recommandations disponibles qu'il peut être difficile de savoir par où commencer. Des conseils pratiques et réalisables vous aident à filtrer l'information et à vous concentrer sur les actions concrètes qui auront un impact positif sur votre situation financière.

4. Mesurer vos progrès: Mesurez vos progrès pour rester sur la bonne voie. Les conseils pratiques vous aident à établir des indicateurs de performance clairs et à suivre vos résultats au fil du temps. Cela vous permet de voir ce qui fonctionne, ce qui doit être ajusté, et de rester motivé en constatant vos avancées.

5. Adaptabilité aux circonstances: La vie est imprévisible, et vos circonstances financières peuvent changer. Des conseils pratiques et réalisables sont flexibles et vous permettent de vous adapter aux défis et aux opportunités qui se présentent. Ils vous aident à ajuster votre plan financier en fonction de votre situation actuelle.

6. Réalisme financier: Il est important d'avoir des attentes réalistes en matière de finances. Des conseils pratiques vous aident à établir des objectifs financiers réalistes en fonction de vos revenus, de vos dépenses et de vos ressources. Cela vous évite de vous fixer des objectifs inatteignables qui pourraient entraîner de la frustration.

7. Fournir des solutions concrètes: Plutôt que de se perdre dans des généralités, des conseils pratiques vous offrent des solutions concrètes à des problèmes financiers courants. Que ce soit pour rembourser des dettes, épargner pour la retraite, ou investir dans l'immobilier, vous recevez des directives spécifiques pour agir.

8. Encourager la responsabilité personnelle: Des conseils pratiques encouragent la responsabilité personnelle. Ils vous incitent à prendre en main vos finances et à être actif dans votre quête de liberté financière. Cela renforce votre sentiment de contrôle sur votre destinée financière.

9. Rendre le processus accessible: L'accessibilité est un élément essentiel pour atteindre la liberté financière. Des conseils pratiques rendent le processus de gestion financière plus accessible à tous, quels que soient votre niveau de revenu ou votre expérience financière. Ils vous montrent que la liberté financière est réalisable pour chacun.

10. La persévérance: Des conseils pratiques renforcent votre persévérance. Lorsque vous constatez que les actions que vous prenez produisent des résultats concrets, vous êtes plus enclin à persévérer dans votre parcours vers la liberté financière, même lorsque vous faites face à des défis.

Des conseils pratiques et réalisables sont l'épine dorsale de ce livre pour vous guider vers la liberté financière. Ils vous aident à passer de la théorie à l'action, à créer des habitudes durables, à éviter la surcharge d'information, à mesurer vos progrès, à vous adapter aux circonstances, à avoir des attentes réalistes, à fournir des solutions concrètes, à encourager la responsabilité personnelle, à rendre le processus accessible, et à renforcer votre persévérance. Ils vous aident à prendre des mesures concrètes pour transformer votre vie financière et prendre en main votre destinée.

I.3.3 Inspiré par des réussites réelles

La quête de la liberté financière peut sembler être un voyage solitaire, mais il est important de se rappeler que vous n'êtes pas seul dans cette entreprise. Ce livre est inspiré par des réussites réelles de personnes qui ont entrepris ce voyage et l'ont mené à bien. Leurs histoires de succès servent à la fois de sources d'inspiration et d'exemples concrets de ce qui est possible lorsque l'on s'engage sérieusement à prendre en main sa destinée financière. Nous allons découvrir comment s'inspirer des parcours de ceux qui ont déjà atteint la liberté financière pour accélérer votre propre progression.

1. Démonstration de possibilité: Les réussites réelles démontrent que la liberté financière est possible. Lorsque vous lisez les histoires de personnes qui ont transformé leur situation financière, cela élimine le doute et les limites que vous pourriez avoir. Vous réalisez que d'autres ont accompli ce que vous souhaitez réaliser, ce qui vous motive à croire en votre propre capacité à atteindre cet objectif.

2. Source d'inspiration: Les histoires de réussite sont une source d'inspiration puissante. Elles mettent en lumière les défis surmontés, les sacrifices consentis et les efforts investis pour atteindre la liberté financière. Ces récits inspirants vous encouragent à persévérer dans votre propre parcours, même lorsque vous rencontrez des obstacles.

3. Apprentissage par l'exemple: Les réussites réelles fournissent également des exemples concrets de la manière dont d'autres ont atteint la liberté financière. Vous pouvez apprendre des stratégies, des tactiques et des approches utilisées par ces personnes pour surmonter les difficultés financières et progresser vers la liberté. Ces leçons pratiques sont précieuses pour votre propre parcours.

4. Preuve de diversité: Il faut souligner que les réussites sont plurielles et proviennent de tous les milieux. Elles démontrent que la liberté financière n'est pas réservée à une élite ou à un groupe particulier, mais qu'elle est accessible à quiconque est prêt à travailler pour l'atteindre. Ces histoires mettent en lumière la diversité des chemins vers la liberté financière.

5. Réalité du processus: Les récits de réussite mettent en évidence la réalité du processus. Ils montrent que la liberté financière n'est pas un événement ponctuel, mais un voyage qui demande du temps, de la persévérance et de l'engagement. En comprenant que le succès financier ne se produit pas du jour au lendemain, vous êtes mieux préparé pour surmonter les inévitables hauts et bas.

6. Preuve de la valeur des principes financiers: Les histoires de réussite confirment la valeur des principes financiers solides. Elles démontrent que des concepts tels que l'épargne, l'investissement, la gestion des dettes et la planification sont des outils efficaces pour atteindre la liberté financière. En suivant ces principes, vous pouvez également avancer vers vos objectifs financiers.

7. Encouragement à l'action: Les histoires de réussite encouragent l'action. Elles vous incitent à passer à l'action plutôt que de rester passif. Vous réalisez que le simple fait de lire ces histoires ne suffit pas; c'est en mettant en pratique les leçons apprises que vous progresserez réellement vers la liberté financière.

8. Renforcement de la confiance: Les réussites réelles renforcent votre confiance en vous. En voyant d'autres réussir malgré les défis, vous développez une confiance accrue en votre propre capacité à surmonter les obstacles financiers et à atteindre vos objectifs.

Les histoires de réussites réelles sont essentielles pour vous guider vers la liberté financière.

CHAPITRE 1: COMPRENDRE VOTRE SITUATION FINANCIÈRE ACTUELLE

1.1 Évaluation financière

1.1.1 Faire un bilan de vos actifs et passifs

Dans votre quête de liberté financière, comprendre votre situation financière actuelle est la première étape cruciale. Un bilan vous permettra de connaître votre situation financière exacte et d'identifier les domaines à améliorer. Ce processus de bilan vous permettra d'obtenir une image claire et précise de votre situation financière, ce qui est la base de toute planification financière réussie.

Actifs: Les moteurs de votre richesse

Les actifs représentent tout ce que vous possédez qui a une valeur monétaire. Ce sont les moteurs de votre richesse et de votre indépendance financière. Voici quelques exemples d'actifs:

Épargnes et comptes bancaires: Cela inclut l'argent que vous avez dans votre compte d'épargne, votre compte courant, ou tout autre type de compte bancaire.

Investissements: Ce sont des biens que vous avez achetés dans le but de générer des revenus ou de la croissance à long terme. Les investissements peuvent inclure des actions, des obligations, des biens immobiliers, des fonds communs de placement, etc.

Biens immobiliers: Si vous possédez une maison, un appartement ou tout autre bien immobilier, cela compte également comme un actif. La valeur nette de votre propriété est calculée en soustrayant le solde de votre prêt hypothécaire du prix de vente estimé.

Outils: Les produits tels que les voitures, les motos, les bateaux, etc., sont également considérés comme des actifs. Leur valeur diminue généralement avec le temps.

Objets de valeur: Cela peut inclure des bijoux, des œuvres d'art, des collections, des antiquités, etc.

Comptes de retraite: Les comptes de retraite tels que les 401(k) ou les plans d'épargne-retraite individuels (IRA) sont des actifs importants qui peuvent contribuer à votre sécurité financière à long terme.

Passifs: Les obligations financières

D'un autre côté, les passifs sont vos obligations financières, c'est-à-dire les dettes ou les engagements financiers que vous devez rembourser. Comprendre vos passifs est tout aussi important que d'évaluer vos actifs, car cela vous donne une vue d'ensemble complète de votre situation financière. Voici quelques exemples de passifs:

Prêts hypothécaires: Si vous avez un prêt pour l'achat d'une maison, c'est un passif. Vous devez rembourser le solde du prêt avec intérêt.

Prêts personnels: Ce sont des prêts que vous avez contractés pour des dépenses personnelles telles que l'éducation, la voiture, ou tout autre besoin financier.

Cartes de crédit: Les soldes impayés sur vos cartes de crédit sont également considérés comme des passifs. Les taux d'intérêt élevés sur les cartes de crédit peuvent entraîner des coûts financiers importants.

Prêts étudiants: Si vous avez des prêts étudiants, ceux-ci sont des passifs que vous devez rembourser conformément aux conditions du prêt.

Dettes fiscales: Les impôts impayés constituent également des passifs, car vous avez une obligation légale de les payer.

Crédits à la consommation: Les crédits à la consommation tels que les prêts automobiles ou les prêts personnels peuvent également être considérés comme des passifs.

Calculer votre valeur nette

Une fois que vous avez identifié tous vos actifs et passifs, vous pouvez calculer votre valeur nette. Il s'agit simplement de soustraire la valeur totale de vos passifs de la valeur totale de vos actifs. La formule est la suivante:

Valeur nette = Total des actifs - Total des passifs

Votre valeur nette est un indicateur essentiel de votre santé financière. Elle peut être positive, négative ou nulle. Une valeur nette positive signifie que vous possédez plus d'actifs que de passifs, ce qui est un signe positif de votre situation financière. Une valeur nette négative signifie que vous avez plus de dettes que d'actifs, ce qui indique un besoin de réduction de dette et d'amélioration de vos actifs. Une valeur nette nulle signifie que vos actifs équilibrent vos passifs.

L'importance du bilan financier

Faire un bilan de vos actifs et passifs est essentiel pour plusieurs raisons:

Prendre conscience de votre situation financière: Le processus de bilan vous aide à comprendre où vous en êtes financièrement à un moment donné. Cela peut être une réalité parfois difficile à accepter, mais c'est le point de départ de tout changement financier positif.

Établir des objectifs financiers: Une fois que vous avez une image claire de votre situation financière, vous pouvez fixer des objectifs financiers réalistes. Que vous souhaitiez rembourser des dettes, épargner pour la retraite ou investir dans l'immobilier, votre bilan financier vous aide à définir des objectifs spécifiques.

Prendre des décisions éclairées: Comprendre vos actifs et passifs vous permet de prendre des décisions financières éclairées. Si vous avez une dette élevée avec un taux d'intérêt élevé, vous pourriez envisager de la rembourser plus rapidement pour réduire les coûts d'intérêt.

DEVENIR LIBRE FINANCIÈREMENT

Suivre vos progrès: Votre bilan financier est une mesure tangible de vos progrès. En le mettant à jour régulièrement, vous pouvez voir comment votre situation financière évolue au fil du temps.

Identifier les domaines à améliorer: En identifiant vos passifs, vous pouvez repérer les domaines où vous pourriez améliorer votre situation financière. Cela peut inclure la réduction de la dette, la gestion des dépenses ou l'augmentation de l'épargne et des investissements.

Exemple de bilan financier:

Pour illustrer le processus de bilan financier, voici un exemple simplifié:

Actifs:

- **Biens immobiliers:** 200 000 € (Valeur estimée de la maison)
- **Véhicules:** 15 000 € (Valeur estimée de la voiture)
- **Objets de valeur:** 5 000 € (Collection d'art)
- **Comptes de retraite:** 30 000 € (Solde du compte 401(k))

Total des actifs: 260 000 €

Passifs:

- **Prêts hypothécaires:** 150 000 € (Solde restant du prêt immobilier)
- **Prêts personnels:** 10 000 € (Prêt personnel pour la rénovation de la maison)
- **Cartes de crédit:** 5 000 € (Solde total des cartes de crédit)
- **Prêts étudiants:** 20 000 € (Solde restant des prêts étudiants)
- **Dettes fiscales:** 2 000 € (Impôts impayés)
- **Crédits à la consommation:** 8 000 € (Prêt automobile et autres crédits)

Total des passifs: 195 000 €

Maintenant, nous pouvons calculer la valeur nette:

Valeur nette = Total des actifs - Total des passifs
Valeur nette = 260 000 € - 195 000 €
Valeur nette = 65 000 €

Dans cet exemple, la valeur nette est de 65 000 €, ce qui signifie que cette personne possède plus d'actifs que de passifs. C'est un bon point de départ pour travailler vers la liberté financière. Ce bilan financier permet à la personne de mieux comprendre sa situation financière actuelle, d'établir des objectifs financiers et de prendre des décisions éclairées pour l'avenir.

Faire un bilan de vos actifs et passifs est une étape cruciale pour quiconque souhaite améliorer sa situation financière et progresser vers la liberté financière. Cela permet de prendre conscience de sa situation actuelle et de mettre en place des stratégies pour atteindre ses objectifs financiers.

1.1.2 Analyser vos dépenses mensuelles

Comprendre votre situation financière actuelle ne se limite pas seulement à évaluer vos actifs et passifs, mais implique également d'analyser en détail vos dépenses mensuelles. Cette étape est cruciale pour plusieurs raisons. Elle vous permet de prendre conscience de la manière dont vous dépensez votre argent, d'identifier les domaines où vous pourriez économiser, et de commencer à établir un budget réaliste pour atteindre vos objectifs financiers. Dans cette section, nous allons examiner en détail l'importance de l'analyse de vos dépenses mensuelles et comment vous pouvez le faire de manière efficace.

1. Prendre conscience de vos habitudes de dépenses: L'analyse de vos dépenses mensuelles vous permet de prendre conscience de vos habitudes de dépenses. Il est facile de dépenser de l'argent sans réfléchir, mais en regardant de près où va chaque euro, vous commencez à comprendre comment vous utilisez votre argent. Cela peut être une réalité parfois surprenante, mais c'est le premier pas vers une gestion financière plus responsable.

2. Identifier les dépenses superflues: En examinant vos dépenses mensuelles, vous pouvez identifier les dépenses superflues. Ce sont les achats impulsifs, les abonnements inutilisés, les repas au restaurant trop fréquents, ou d'autres dépenses qui pourraient être évitées ou réduites. Une fois identifiées, vous pouvez prendre des mesures pour les minimiser.

3. Établir des priorités financières: Analyser vos dépenses vous aide à déterminer vos priorités financières. Vous pouvez voir quels domaines de votre vie nécessitent le plus de ressources financières et lesquels pourraient être ajustés pour atteindre vos objectifs plus rapidement. Si l'épargne pour la retraite est une priorité, vous pourriez décider de réduire certaines dépenses non essentielles pour augmenter vos contributions à votre compte de retraite.

4. Créer un budget réaliste: L'analyse de vos dépenses est la première étape pour créer un budget réaliste. Un budget est essentiel pour planifier vos finances et vous assurer que vous vivez en dessous de vos moyens. Une fois que vous connaissez vos dépenses mensuelles, vous pouvez allouer des fonds à chaque catégorie de dépenses de manière équilibrée, en veillant à ce qu'il y ait de la place pour l'épargne et l'investissement.

5. Éviter les surprises financières: Lorsque vous suivez de près vos dépenses, vous êtes moins susceptible d'être surpris par des dépenses imprévues. Vous avez une vision claire de l'argent qui entre et sort, ce qui vous permet de mieux anticiper les dépenses futures et de constituer un fonds d'urgence en cas de besoin.

6. Mesurer votre progression: Suivre vos dépenses mensuelles vous permet également de mesurer votre progression vers vos objectifs financiers. Vous pouvez voir si vous respectez votre budget et si vous atteignez les cibles que vous vous êtes fixées. Si vous constatez que vous dépensez trop dans certaines catégories, vous pouvez apporter des ajustements pour rester sur la bonne voie.

Comment analyser vos dépenses mensuelles: Pour analyser vos dépenses mensuelles de manière efficace, suivez ces étapes:

Collectez vos relevés bancaires et de carte de crédit: Rassemblez tous vos relevés bancaires et de carte de crédit pour le mois précédent. Cela inclut les dépenses, les paiements, les retraits d'argent, etc.

Créez une liste détaillée: Faites une liste de toutes vos dépenses du mois, qu'elles soient grandes ou petites. Cela devrait inclure tout, des factures récurrentes aux achats impulsifs.

Catégorisez vos dépenses: Organisez vos dépenses en catégories telles que le logement, les transports, la nourriture, les loisirs, les dépenses médicales, etc.

Calculez le total des dépenses par catégorie: Additionnez le total des dépenses pour chaque catégorie. Cela vous donnera une vue d'ensemble de la manière dont vous dépensez votre argent.

Comparez avec votre revenu: Comparez le total de vos dépenses avec votre revenu mensuel. Cela vous indiquera si vous vivez en dessous ou au-dessus de vos moyens.

Identifiez les domaines à ajuster: Repérez les catégories où vous pourriez réduire vos dépenses, puis fixez-vous des objectifs d'économie pour ces domaines.

Créez un budget: Utilisez les informations que vous avez recueillies pour créer un budget réaliste qui vous permettra d'atteindre vos objectifs financiers.

Analyser vos dépenses mensuelles est une étape essentielle pour comprendre votre situation financière actuelle et atteindre vos objectifs financiers. Cela vous aide à prendre conscience de vos habitudes de dépenses, à identifier les dépenses superflues, à établir des priorités financières, à créer un budget réaliste, à éviter les surprises financières et à mesurer votre progression. En suivant attentivement vos dépenses, vous avez le contrôle sur votre argent et êtes sur la voie de la liberté financière.

1.1.3 Identifier les fuites financières

Vous devez d'abord repérer et stopper les dépenses inutiles. Les fuites financières sont ces petites dépenses qui semblent insignifiantes individuellement, mais qui, cumulées au fil du temps, peuvent avoir un impact significatif sur votre situation financière globale. Dans cette section, nous explorerons ce que sont les fuites financières, pourquoi elles sont importantes à identifier, et comment vous pouvez les gérer pour améliorer votre santé financière.

Qu'est-ce qu'une fuite financière?

Une fuite financière est une dépense qui, bien que relativement modeste en elle-même, peut s'accumuler au fil du temps et gruger vos ressources financières. Ces dépenses peuvent passer inaperçues car elles sont souvent liées à des habitudes de consommation quotidiennes ou à des choix de style de vie. Voici quelques exemples courants de fuites financières:

Les achats impulsifs: Ces petits achats spontanés, comme un café chaque matin en chemin vers le travail ou des articles dont vous n'avez pas vraiment besoin, peuvent s'additionner rapidement.

Les abonnements inutilisés: Les abonnements à des services que vous n'utilisez pas régulièrement, comme des applications, des magazines, ou des plateformes de streaming, peuvent être des fuites financières.

Les frais bancaires: Les frais mensuels de compte bancaire, les frais de découvert, ou les frais de carte de crédit peuvent passer inaperçus, mais ils représentent une dépense inutile.

La restauration fréquente: Manger au restaurant ou commander des plats à emporter régulièrement peut coûter beaucoup plus cher que de préparer des repas à la maison.

Les achats de vêtements impulsifs: L'achat fréquent de vêtements, chaussures ou accessoires sans réfléchir à leur nécessité peut représenter une fuite financière.

Les petites dépenses quotidiennes: Les petites dépenses quotidiennes, qu'il s'agisse de courses improvisées, de snacks ou de trajets en taxi, peuvent rapidement alourdir le budget.

Pourquoi identifier les fuites financières est-il important?

Identifier les fuites financières est crucial pour plusieurs raisons:

Économies à long terme: Les fuites financières peuvent sembler insignifiantes sur le moment, mais au fil du temps, elles peuvent représenter une somme considérable que vous pourriez économiser et investir pour atteindre vos objectifs financiers.

Liberté financière accrue: En identifiant et en éliminant les fuites financières, vous libérez des ressources financières que vous pouvez allouer à des objectifs plus importants, tels que l'épargne pour la retraite, l'investissement ou la réduction de la dette.

Conscience financière: Le simple fait d'identifier les fuites financières vous rend plus conscient de la manière dont vous dépensez votre argent. Cela vous aide à adopter des habitudes de consommation plus réfléchies.

Réduction du stress financier: En gérant efficacement vos dépenses, vous réduisez le stress financier lié à la gestion de votre budget et à la crainte des dettes.

Comment identifier les fuites financières:

Identifier les fuites financières nécessite une certaine réflexion et un examen attentif de vos habitudes de dépenses. Voici comment procéder:

Examinez vos relevés bancaires: Passez en revue vos relevés bancaires et de carte de crédit sur une période de quelques mois pour repérer les dépenses récurrentes ou inutiles.

Tenez un journal de dépenses: Gardez un journal de toutes vos dépenses, même les plus petites, pendant un mois. Cela vous permettra de voir où va chaque centime de votre argent.

Analysez vos habitudes: Réfléchissez à vos habitudes de consommation. Identifiez les endroits où vous pourriez réduire ou éliminer des dépenses.

Utilisez des applications de suivi des dépenses: Il existe de nombreuses applications et outils en ligne qui peuvent vous aider à suivre vos dépenses et à identifier les fuites financières. Ces outils peuvent catégoriser automatiquement vos dépenses pour une meilleure visualisation.

Demandez l'avis d'un conseiller financier: Si vous avez du mal à identifier vos fuites financières, envisagez de consulter un conseiller financier. Ils peuvent vous aider à examiner votre budget et à trouver des moyens d'économiser de l'argent.

Comment gérer les fuites financières:

Une fois que vous avez identifié vos fuites financières, vous pouvez prendre des mesures pour les gérer de manière efficace:

Établissez un budget: Créez un budget qui prend en compte vos dépenses essentielles et vos objectifs financiers. Allouez une certaine somme d'argent pour les dépenses discrétionnaires et tenez-vous-y.

Priorisez vos dépenses: Identifiez les dépenses qui sont les plus importantes pour vous et réduisez ou éliminez celles qui ne contribuent pas à vos objectifs financiers.

Négociez les frais: Si vous avez des abonnements ou des contrats de services, essayez de négocier de meilleurs tarifs ou de trouver des alternatives moins chères.

Utilisez de l'argent liquide: Utilisez de l'argent liquide plutôt que des cartes de crédit pour les dépenses discrétionnaires. Cela peut rendre vos dépenses plus tangibles et vous aider à dépenser moins.

Pratiquez la réflexion avant l'achat: Avant de faire un achat impulsif, prenez quelques minutes pour réfléchir à son importance et à sa nécessité.

Identifier et gérer les fuites financières est une étape essentielle sur le chemin de la liberté financière. Les fuites financières, bien qu'apparemment mineures, peuvent avoir un impact significatif sur votre situation financière à long terme. En adoptant des habitudes de dépenses plus réfléchies et en établissant un budget réaliste, vous pouvez maximiser vos économies et travailler vers vos objectifs

1.2 Les obstacles à la liberté financière

1.2.1 Les dettes et comment elles vous retiennent

Dans votre quête vers la liberté financière, il est essentiel de comprendre le rôle des dettes dans votre vie financière. Les dettes peuvent être l'un des obstacles les plus importants sur votre chemin vers la liberté financière, mais avec une gestion appropriée, elles peuvent être surmontées. Dans cette section, nous examinerons ce que sont les dettes, comment elles peuvent vous retenir, et comment vous pouvez les gérer de manière efficace pour progresser vers vos objectifs financiers.

Comprendre les dettes

Les dettes représentent de l'argent que vous avez emprunté et que vous devez rembourser à un prêteur. Elles peuvent prendre de nombreuses formes, notamment:

Prêts personnels: Des prêts que vous avez contractés pour des besoins personnels tels que l'achat d'une voiture, la rénovation de votre maison ou le financement de vacances.

Cartes de crédit: Les cartes de crédit permettent d'emprunter de l'argent pour des achats quotidiens. Si le solde n'est pas remboursé intégralement à la fin du mois, des intérêts sont facturés.

Prêts étudiants: Des prêts contractés pour financer l'éducation. Ils doivent généralement être remboursés après l'obtention du diplôme.

Prêts hypothécaires: Des prêts pour l'achat de biens immobiliers. Ils sont remboursés sur de nombreuses années.

Dettes fiscales: Les impôts impayés constituent également des dettes envers l'État.

Comment les dettes vous retiennent

Les dettes peuvent entraver votre chemin vers la liberté financière de plusieurs manières:

Paiements d'intérêts: Lorsque vous avez des dettes, vous payez généralement des intérêts sur le montant emprunté. Ces paiements d'intérêts peuvent s'accumuler au fil du temps, rendant votre dette plus coûteuse.

Contraintes budgétaires: Les paiements mensuels de vos dettes réduisent votre capacité à dépenser de l'argent pour d'autres besoins et objectifs financiers, tels que l'épargne, l'investissement ou la constitution d'un fonds d'urgence.

Stress financier: Les dettes peuvent engendrer un stress financier important, car vous avez l'obligation de rembourser une somme fixe chaque mois. Les retards de paiement ou l'incapacité à faire face à vos obligations financières peuvent avoir des conséquences négatives.

Perte de flexibilité: Les dettes peuvent vous priver de la flexibilité financière nécessaire pour prendre des décisions importantes, telles que changer de carrière, créer votre propre entreprise, ou poursuivre des opportunités d'investissement.

Gérer les dettes de manière efficace

Bien que les dettes puissent représenter un obstacle, il est important de comprendre qu'elles ne sont pas nécessairement un fardeau insurmontable. Voici comment vous pouvez gérer vos dettes de manière efficace:

Établissez un inventaire de vos dettes: Commencez par dresser la liste de toutes vos dettes, y compris le montant dû, le taux d'intérêt, les paiements mensuels minimums et les dates d'échéance.

Priorisez vos dettes: Classez vos dettes en fonction du taux d'intérêt. Les dettes avec des taux d'intérêt plus élevés doivent être remboursées en premier, car elles coûtent plus cher à long terme.

Créez un plan de remboursement: Établissez un plan pour rembourser vos dettes de manière efficace. Vous pouvez envisager des méthodes telles que la méthode de la **"boule de neige"** (commencer par la plus petite dette et avancer) ou la méthode du remboursement en fonction du taux d'intérêt.

Réduisez les dépenses discrétionnaires: Pour accélérer le remboursement de vos dettes, réduisez vos dépenses discrétionnaires. Cela peut inclure manger au restaurant moins souvent, annuler des abonnements inutiles ou réduire les achats impulsifs.

Augmentez vos revenus: Cherchez des moyens d'augmenter vos revenus, tels que des emplois à temps partiel, la vente d'articles non essentiels, ou la réalisation de travaux freelances.

Négociez avec vos créanciers: Si vous éprouvez des difficultés à rembourser vos dettes, envisagez de négocier avec vos créanciers pour obtenir des conditions de remboursement plus favorables.

Consultez un conseiller financier: Si vous éprouvez des difficultés à rembourser vos dettes, envisagez de négocier avec vos créanciers pour obtenir des conditions de remboursement plus favorables. Vous pouvez également faire appel à un conseiller financier professionnel pour vous aider à élaborer un plan de gestion de la dette adapté à votre situation. Les conseillers financiers peuvent fournir des conseils judicieux sur la réduction de la dette, la consolidation de la dette, et les stratégies pour minimiser les intérêts.

Évitez de contracter de nouvelles dettes: Pendant que vous travaillez à rembourser vos dettes existantes, évitez autant que possible de contracter de nouvelles dettes. Cela signifie être conscient de vos habitudes de dépenses et résister à la tentation de prendre de nouveaux engagements financiers.

Célébrez les progrès: La gestion des dettes peut être un processus difficile, mais chaque étape vers la réduction de la dette est une victoire. Célébrez vos progrès, même les petites avancées, pour rester motivé et concentré sur votre objectif de liberté financière.

Restez concentré sur vos objectifs financiers: Gardez à l'esprit que le remboursement de vos dettes fait partie intégrante de votre parcours vers la liberté financière. Plus vous réduirez vos dettes, plus vous disposerez de ressources financières pour investir, épargner et atteindre vos objectifs à long terme.

La gestion des dettes est une étape cruciale pour surmonter les obstacles à la liberté financière. En comprenant l'impact des dettes sur votre situation financière, en établissant un plan de remboursement solide et en restant discipliné dans votre approche, vous pouvez progressivement vous libérer du fardeau des dettes et ouvrir la voie vers une meilleure indépendance financière.

1.2.2 Les croyances limitatives sur l'argent

Les croyances limitatives sur l'argent sont des idées préconçues, des pensées négatives ou des convictions profondément enracinées qui peuvent entraver votre capacité à atteindre la liberté financière. Ces croyances sont souvent le résultat de l'éducation, de l'environnement social et de l'expérience personnelle. Elles peuvent avoir un impact significatif sur vos décisions financières, vos habitudes de dépenses et même votre capacité à générer des revenus. Dans cette section, nous examinerons les croyances limitatives courantes sur l'argent, comment elles peuvent vous retenir et comment les surmonter pour atteindre vos objectifs financiers.

Les croyances limitatives courantes sur l'argent

"L'argent est la racine de tous les maux»: Cette croyance peut vous amener à éviter la richesse par peur d'être corrompu ou de causer des problèmes.

"L'argent ne peut pas acheter le bonheur»: Bien que l'argent ne garantisse pas le bonheur, il peut certainement contribuer à améliorer la qualité de vie. Cette croyance peut vous empêcher de rechercher la stabilité financière.

"Je ne mérite pas d'être riche»: Penser que vous ne méritez pas la richesse peut vous conduire à saboter vos efforts pour améliorer vos finances.

"Il n'y a pas assez d'argent pour tout le monde»: Cette croyance peut vous inciter à penser qu'il n'y a pas assez d'opportunités financières pour réussir.

"L'argent est difficile à gagner»: Cette croyance peut vous pousser à éviter de prendre des risques financiers ou à rester dans une situation professionnelle peu satisfaisante.

"Je ne suis pas doué avec l'argent»: Penser que vous n'avez pas de compétences financières peut vous empêcher de prendre des décisions éclairées.

"Je ne peux pas me permettre d'investir»: Croire que vous n'avez pas assez d'argent pour investir peut vous empêcher de développer votre patrimoine.

Comment les croyances limitatives vous retiennent

Les croyances limitatives sur l'argent ont un impact significatif sur votre comportement financier de plusieurs manières:

Sabotage financier: Les croyances limitatives peuvent vous amener à saboter vos propres efforts pour améliorer votre situation financière.

Vous pourriez ne pas postuler pour un emploi mieux rémunéré parce que vous ne croyez pas mériter un salaire plus élevé.

Évitement des opportunités: Si vous croyez qu'il n'y a pas assez d'argent pour tout le monde ou que l'argent est difficile à gagner, vous pourriez éviter de rechercher de nouvelles opportunités financières.

Mauvaises décisions financières: Les croyances limitatives peuvent vous pousser à prendre des décisions financières impulsives ou irrationnelles, telles que l'accumulation de dettes excessives ou l'évitement de l'investissement.

Manque de confiance: Si vous croyez que vous n'êtes pas doué avec l'argent, vous pouvez manquer de confiance dans vos décisions financières, ce qui peut vous empêcher de prendre des mesures positives.

Stagnation financière: Les croyances limitatives peuvent vous maintenir dans une position financière stagnante, vous empêchant de progresser vers vos objectifs financiers.

Surmonter les croyances limitatives sur l'argent

Surmonter les croyances limitatives sur l'argent est essentiel pour progresser vers la liberté financière. Voici quelques étapes pour y parvenir:

Identifiez vos croyances limitatives: La première étape pour surmonter ces croyances est de les identifier. Prenez le temps de réfléchir à vos pensées et croyances profondes sur l'argent.

Remettez en question ces croyances: Posez-vous des questions sur la validité de ces croyances. Demandez-vous d'où elles viennent et si elles sont basées sur des faits concrets.

Éduquez-vous sur l'argent: Apprenez davantage sur les finances personnelles, l'investissement, l'épargne et la gestion de l'argent. Plus vous en savez, plus vous vous sentirez confiant dans vos décisions financières.

Changez votre langage intérieur: Remplacez les pensées négatives par des affirmations positives sur l'argent. Remplacez **"Je ne suis pas doué avec l'argent"** par **"Je suis en train d'apprendre à gérer mon argent efficacement."**

Fixez des objectifs financiers: Établissez des objectifs financiers concrets et atteignables. Lorsque vous atteignez ces objectifs, cela renforcera votre confiance en vos capacités à prendre en main votre destin financier et à réaliser vos rêves. La clé pour surmonter les croyances limitatives est la persévérance et la pratique. Plus vous pratiquerez des pensées et des comportements financiers positifs, plus vous renforcerez votre capacité à atteindre la liberté financière.

N'oubliez pas que de nombreuses personnes ont réussi à surmonter ces croyances limitatives pour atteindre des niveaux élevés de réussite financière. Vous pouvez également le faire en travaillant sur votre état d'esprit financier et en prenant des mesures concrètes pour améliorer vos finances. La liberté financière est à la portée de ceux qui sont prêts à remettre en question leurs croyances limitatives et à persévérer dans leur quête d'indépendance financière.

1.2.3 Les pièges de la société de consommation

La société de consommation moderne est caractérisée par une culture de la surconsommation, où l'acquisition de biens matériels est souvent considérée comme un indicateur de succès et de bonheur. Cette mentalité peut devenir un obstacle majeur sur le chemin de la liberté financière. Dans cette section, nous examinerons les pièges de la société de consommation, comment elle peut entraver vos progrès financiers et comment vous pouvez naviguer intelligemment dans ce contexte pour atteindre vos objectifs de liberté financière.

Les pièges de la société de consommation

L'illusion du bonheur matériel: La société de consommation nous pousse souvent à croire que l'accumulation de biens matériels et de possessions est le chemin vers le bonheur. Cela peut entraîner une quête incessante pour plus de choses, même si elles ne contribuent pas réellement à votre bien-être.

La pression sociale: Les médias sociaux et la publicité mettent en avant un mode de vie luxueux et matérialiste, ce qui peut créer une pression sociale pour suivre le mouvement et dépenser plus que nécessaire pour maintenir une image.

DEVENIR LIBRE FINANCIÈREMENT

Le cycle de la dette: Beaucoup de gens s'endettent pour financer leur style de vie de consommation. Ils achètent des voitures, des maisons, des gadgets et des vêtements à crédit, ce qui les enferme dans un cycle de remboursement de dettes.

L'obsolescence programmée: Les produits de consommation sont souvent conçus pour devenir obsolètes après un certain temps, ce qui oblige les consommateurs à les remplacer régulièrement, même s'ils fonctionnent toujours.

Le gaspillage: La surconsommation entraîne un gaspillage massif de ressources naturelles et une production excessive de déchets, ce qui a des conséquences environnementales graves.

Comment la société de consommation entrave la liberté financière

La société de consommation peut entraver votre liberté financière de plusieurs manières:

Dépenses excessives: L'accent mis sur la possession de biens matériels peut vous inciter à dépenser au-delà de vos moyens, ce qui peut entraîner l'accumulation de dettes.

Priorités financières déformées: Lorsque vous êtes pris dans le tourbillon de la surconsommation, vos priorités financières peuvent être déformées. Vous pouvez sacrifier l'épargne, l'investissement ou la réduction de la dette au profit de dépenses matérielles.

Stress financier: Essayer de suivre un style de vie de consommation peut entraîner un stress financier, en particulier si vous vous endettez pour maintenir cet appareil.

Déconnexion de vos valeurs: La surconsommation peut vous éloigner de vos valeurs personnelles et vous faire perdre de vue ce qui est réellement important pour vous.

Naviguer intelligemment dans la société de consommation

Pour atteindre la liberté financière tout en vivant dans une société de consommation, voici quelques stratégies importantes à considérer:

Définissez vos valeurs: Identifiez ce qui est vraiment important pour vous en dehors de la consommation matérielle. Avoir des objectifs financiers basés sur vos valeurs vous aidera à résister à la pression de la société de consommation.

Établissez un budget: Créez un budget qui reflète vos priorités financières, y compris l'épargne, l'investissement et le remboursement de dettes. Suivre un budget vous aidera à éviter les dépenses impulsives.

Pratiquez la consommation consciente: Avant d'acheter quelque chose, demandez-vous si cela contribue réellement à votre bonheur et à vos objectifs. Évitez les achats impulsifs et privilégiez les achats réfléchis.

Réduisez, réutilisez, recyclez: Adoptez une approche écologique en réduisant la consommation, en réutilisant les objets lorsque cela est possible et en recyclant. Cela peut non seulement économiser de l'argent, mais aussi réduire votre empreinte environnementale.

Évitez la comparaison: Évitez de vous comparer aux autres en fonction de leurs biens matériels. Chacun a une situation financière différente, et la comparaison peut engendrer du stress et de l'insatisfaction.

Investissez dans l'éducation financière: Plus vous en savez sur les finances personnelles et l'investissement, mieux vous pourrez prendre des décisions financières éclairées.

La société de consommation peut être un piège sur le chemin de la liberté financière, mais en adoptant une approche consciente de vos dépenses, en définissant des priorités financières basées sur vos valeurs et en résistant à la pression sociale, vous pouvez surmonter ces pièges et progresser vers vos objectifs financiers avec succès.

1.3 Définir vos objectifs financiers

1.3.1 Comprendre l'importance des objectifs clairs

Imaginez-vous partir en voyage sans destination précise ni itinéraire planifié. Vous pourriez errer sans but, gaspiller du temps et de l'énergie, et finalement vous sentir perdu. De la même manière, naviguer dans la vie financière sans objectifs clairs peut vous conduire à des résultats incertains, à des décisions financières incohérentes et à un manque de motivation. Dans cette section, nous allons explorer l'importance cruciale de définir des objectifs financiers clairs et comment cela peut vous guider sur la voie de la liberté financière.

Pourquoi les objectifs financiers sont-ils essentiels ?

Les objectifs financiers servent de boussole dans votre voyage vers la liberté financière. Voici quelques raisons essentielles pour lesquelles la définition d'objectifs clairs est si importante:

La direction: Les objectifs financiers vous donnent une direction à suivre. Ils vous aident à définir où vous voulez aller sur le plan financier.

La motivation: Avoir des objectifs clairs renforce votre motivation. Lorsque vous avez un but à atteindre, vous êtes plus susceptible de rester concentré et de surmonter les obstacles financiers.

La prise de décision: Les objectifs vous aident à prendre des décisions financières éclairées. Vous pouvez évaluer si une décision vous rapproche ou vous éloigne de vos objectifs.

La mesure du progrès: Les objectifs financiers vous permettent de mesurer votre progrès. Vous pouvez suivre vos réussites et ajuster votre plan si nécessaire.

La discipline financière: Lorsque vous avez des objectifs financiers, vous êtes plus enclin à adopter une discipline financière. Vous êtes moins susceptible de dépenser impulsivement.

Types d'objectifs financiers

Il existe différents types d'objectifs financiers que vous pouvez définir en fonction de vos aspirations et de votre situation personnelle. Voici quelques exemples:

Objectifs à court terme: Ce sont des objectifs que vous prévoyez d'atteindre dans un avenir proche, généralement dans un délai d'un an. Épargner pour des vacances, un achat important ou un fonds d'urgence.

Objectifs à moyen terme: Ces objectifs sont prévus pour être réalisés dans un délai de un à cinq ans. Cela peut inclure l'achat d'une voiture, le remboursement de dettes ou la constitution d'un fonds d'éducation pour vos enfants.

Objectifs à long terme: Ce sont des objectifs qui s'étendent sur une période de cinq ans ou plus. Il peut s'agir d'économiser pour la retraite, d'acheter une maison, d'investir dans des projets majeurs ou de garantir une sécurité financière à long terme.

Comment définir des objectifs financiers clairs ?

Définir des objectifs financiers clairs exige une réflexion et une planification minutieuses. Voici quelques étapes à suivre pour définir des objectifs financiers significatifs et réalisables:

Identifiez vos valeurs: Réfléchissez à ce qui est vraiment important pour vous dans la vie. Vos valeurs serviront de fondement à vos objectifs financiers.

Soyez spécifique: Formulez vos objectifs de manière spécifique, mesurable, atteignable, pertinent et temporellement défini (SMART). Pour une motivation accrue, quantifiez votre objectif d'épargne. Par exemple, au lieu de dire 'je veux économiser', dites 'je veux économiser 10 000 euros d'ici deux ans'.

Priorisez vos objectifs: Hiérarchisez vos objectifs financiers en fonction de leur importance et de leur urgence. Cela vous aidera à vous concentrer sur ceux qui sont les plus importants pour vous.

Fixez des délais: Déterminez une date limite pour chaque objectif. Avoir une échéance vous motive à prendre des mesures concrètes.

Développez un plan d'action: Identifiez les étapes spécifiques que vous devez suivre pour atteindre chaque objectif. Établissez un plan d'action détaillé.

Surveillez votre progrès: Tenez un suivi régulier de vos progrès vers vos objectifs. Révisez et ajustez votre plan si nécessaire.

L'importance de la flexibilité

Bien que la définition d'objectifs financiers clairs soit essentielle, il est également important de rester flexible. La vie est imprévisible, et il peut être nécessaire d'ajuster vos objectifs en fonction des changements de circonstances. La flexibilité vous permet de faire face aux défis financiers tout en continuant à travailler vers votre liberté financière.

Comprendre l'importance des objectifs financiers clairs est une étape cruciale sur le chemin de la liberté financière. Ces objectifs vous donnent une direction, renforcent votre motivation et vous aident à prendre des décisions financières éclairées. En définissant des objectifs spécifiques et en élaborant un plan pour les atteindre, vous êtes sur la voie de la réalisation de vos aspirations financières.

1.3.2 Établir des objectifs à court, moyen et long terme

La notion de temporalité est un élément clé à considérer lors de la définition de vos objectifs financiers. En d'autres termes, vous devez réfléchir à la durée sur laquelle vous souhaitez atteindre ces objectifs. Les objectifs financiers peuvent être catégorisés en trois principales échéances: les objectifs à court terme, à moyen terme et à long terme. Chacune de ces catégories a son importance et contribue à votre succès financier global. Dans cette section, nous allons explorer ces différentes échéances d'objectifs et comment les établir pour avancer vers la liberté financière.

Objectifs à court terme

Les objectifs à court terme sont ceux que vous prévoyez d'atteindre dans un délai relativement court, généralement d'ici un an. Ces objectifs sont souvent liés à des besoins ou des désirs immédiats. Voici quelques exemples d'objectifs à court terme:

Épargner pour des vacances: Vous pouvez définir un objectif à court terme pour économiser suffisamment d'argent pour un voyage que vous prévoyez de prendre dans les six prochains mois.

Constituer un fonds d'urgence: Un fonds d'urgence est essentiel pour faire face à des dépenses imprévues. Vous pouvez établir un objectif à court terme pour épargner un montant spécifique dans ce fonds.

Rembourser une dette de carte de crédit: Si vous avez une dette de carte de crédit, vous pouvez définir un objectif à court terme pour la rembourser complètement.

Acheter un nouvel appareil: Vous pourriez avoir besoin de remplacer un appareil ménager ou un gadget électronique. Fixer un objectif à court terme pour son achat peut vous aider à budgétiser en conséquence.

Objectifs à moyen terme

Les objectifs à moyen terme sont ceux que vous planifiez d'atteindre dans un délai de un à cinq ans. Ces objectifs sont généralement plus substantiels que les objectifs à court terme et nécessitent souvent une planification plus détaillée. Voici quelques exemples d'objectifs à moyen terme:

Acheter une voiture: Si vous avez l'intention d'acheter une voiture dans les trois ans, cela peut être considéré comme un objectif à moyen terme.

Épargner pour l'achat d'une maison: L'achat d'une maison est un objectif financier majeur. Vous pouvez établir un plan à moyen terme pour économiser l'acompte nécessaire.

Financer l'éducation de vos enfants: Si vous prévoyez de financer les études de vos enfants, cela peut être un objectif à moyen terme, en fonction de leur âge.

Remodeler votre maison: Si vous envisagez des rénovations majeures dans votre maison, il s'agit d'un objectif à moyen terme.

Objectifs à long terme

Les objectifs à long terme sont ceux que vous prévoyez d'atteindre dans un délai de cinq ans ou plus. Ce sont souvent des objectifs majeurs qui exigent une planification à long terme et un engagement constant. Voici quelques exemples d'objectifs à long terme:

Préparer votre retraite: Économiser pour la retraite est un objectif financier à long terme crucial. Plus tôt vous commencez, mieux c'est.

Investir dans l'éducation supérieure de vos enfants: Financer l'éducation universitaire de vos enfants est un engagement à long terme qui nécessite une planification minutieuse.

Construire une richesse à long terme: Si votre objectif est de devenir millionnaire ou d'atteindre un certain niveau de richesse, il s'agit d'un objectif à long terme.

Créer une entreprise prospère: Si vous avez l'intention de créer et de développer une entreprise, cela peut être un objectif financier à long terme.

L'importance de l'établissement d'objectifs à différentes échéances

Établir des objectifs à court, moyen et long terme est crucial pour plusieurs raisons:

Motivation et concentration: Les objectifs à court terme vous donnent des résultats rapides, ce qui renforce votre motivation. Les objectifs à moyen terme vous aident à rester concentré sur des étapes importantes. Les objectifs à long terme vous fournissent une vision à long terme.

Planification stratégique: Chacune de ces catégories d'objectifs nécessite une planification différente. Vous devrez élaborer des stratégies spécifiques pour atteindre vos objectifs à court, moyen et long terme. Cela peut inclure la gestion de votre budget, l'investissement, l'épargne ou la recherche de nouvelles opportunités de revenus. Une planification précise vous aidera à garder le cap et à maximiser vos chances de succès.

Gestion du risque: La diversification de vos objectifs à différentes échéances peut également contribuer à réduire les risques financiers. Les objectifs à court terme sont moins exposés aux fluctuations du marché par rapport aux objectifs à long terme. Cette répartition du risque peut vous aider à protéger vos finances contre les imprévus.

Flexibilité financière: Avoir des objectifs à différentes échéances vous offre une plus grande flexibilité financière. Vous pouvez réaffecter des ressources en fonction de l'importance de chaque objectif à un moment donné. Si un besoin à court terme surgit, vous pouvez ajuster votre budget pour y faire face sans compromettre vos objectifs à moyen et long terme.

Récompense et réalisation: Atteindre des objectifs à court terme vous donne une sensation immédiate de réussite, ce qui peut renforcer votre confiance en vos capacités financières. Les objectifs à moyen terme vous offrent la satisfaction de franchir des étapes significatives. Les objectifs à long terme vous aident à maintenir une vision à long terme de votre avenir financier, ce qui peut être une source de motivation puissante.

Établir des objectifs à différentes échéances vous permet de prendre le contrôle complet de votre destin financier. Cela vous aide à rester motivé, à planifier stratégiquement, à gérer les risques, et à maintenir la flexibilité nécessaire pour réussir dans votre quête de liberté financière. Les prochaines sections de ce livre expliqueront en détail comment atteindre ces objectifs à court, moyen et long terme, vous rapprochant de la réalisation de vos rêves financiers.

1.3.3 Comment rendre vos objectifs SMART (Spécifiques, Mesurables, Atteignables, Réalistes, Temporellement définis)

Définir des objectifs financiers est une étape cruciale pour atteindre la liberté financière, mais il est tout aussi important de les rendre SMART: Spécifiques, Mesurables, Atteignables, Réalistes et Temporellement définis. Cette approche permet de clarifier vos objectifs, de suivre vos progrès et d'augmenter vos chances de réussite. Dans cette section, nous allons examiner chaque aspect de la méthode SMART et comment l'appliquer à vos objectifs financiers.

Spécifiques: Les objectifs doivent être spécifiques, ce qui signifie qu'ils doivent être clairs et précis. Plus un objectif est spécifique, plus il est facile de comprendre ce que vous devez accomplir. Voici comment rendre vos objectifs spécifiques:

Objectif non spécifique: Économiser de l'argent.
Objectif spécifique: Économiser 5 000 euros pour un acompte sur une maison d'ici deux ans.

En étant spécifique, vous avez une idée précise de ce que vous voulez accomplir, ce qui facilite la planification et l'exécution.

Mesurables: Un objectif doit être mesurable pour que vous puissiez suivre votre progrès. Cela signifie qu'il doit inclure une manière de quantifier votre succès. Voici comment rendre vos objectifs mesurables:

Objectif non mesurable: Rembourser ma dette.

Objectif mesurable: Rembourser 10 000 euros de ma dette de carte de crédit d'ici un an.

En ayant un montant spécifique à atteindre et une échéance claire, vous pouvez mesurer régulièrement votre avancement vers votre objectif.

Atteignables: Les objectifs doivent être réalistes et atteignables. Cela signifie qu'ils doivent être ambitieux mais réalisables compte tenu de vos ressources et de votre situation actuelle. Voici comment rendre vos objectifs atteignables:
Objectif non atteignable: Économiser 1 million d'euros en six mois avec un salaire de base.
Objectif atteignable: Économiser 10 % de votre salaire chaque mois pour un fonds d'urgence de 6 000 euros d'ici trois ans.

En établissant des objectifs réalisables, vous êtes plus susceptible de rester motivé et de ne pas vous sentir dépassé.

Réalistes: Les objectifs doivent être réalistes, ce qui signifie qu'ils doivent être alignés sur vos capacités, vos ressources et vos contraintes. Voici comment rendre vos objectifs réalistes:
Objectif non réaliste: Devenir millionnaire d'ici un an en travaillant à mi-temps.
Objectif réaliste: Augmenter mes revenus en trouvant un emploi à temps plein mieux rémunéré au cours des deux prochaines années.

En fixant des objectifs réalistes, vous évitez de vous fixer des attentes déraisonnables et d'éviter la frustration.

Temporellement définis: Les objectifs doivent avoir une échéance clairement définie, ce qui signifie qu'ils doivent avoir une date limite. Une date limite vous motive à prendre des mesures concrètes et à suivre votre progression. Voici comment rendre vos objectifs temporellement définis:

Objectif non temporellement défini: Économiser pour la retraite.
Objectif temporellement défini: Économiser 300 000 euros pour la retraite d'ici 20 ans.

En ayant une échéance, vous créez un sens d'urgence qui vous pousse à travailler régulièrement vers votre objectif.

Exemple d'application de la méthode SMART

Prenons un exemple d'application de la méthode SMART à un objectif financier:

Objectif initial: Économiser de l'argent.
Objectif SMART: Économiser 10 000 euros pour un acompte sur une maison d'ici deux ans.
Spécifique: L'objectif est clairement défini - économiser 10 000 euros pour un acompte sur une maison.
Mesurable: Vous pouvez suivre votre progrès en surveillant combien d'argent vous avez économisé.
Atteignable: C'est réalisable en fonction de vos revenus actuels et de vos dépenses.
Réaliste: L'objectif est réaliste compte tenu de votre situation financière actuelle et de vos ressources. Économiser 10 000 euros pour un acompte sur une maison est un objectif ambitieux mais réalisable si vous établissez un plan financier approprié.

Temporellement défini: L'objectif est doté d'une échéance claire - d'ici deux ans. Cette date limite vous incite à élaborer un calendrier et à prendre des mesures concrètes pour atteindre cet objectif dans le délai imparti.

En utilisant la méthode SMART pour définir vos objectifs financiers, vous transformez des aspirations vagues en objectifs concrets et réalisables. Cela vous aide à maintenir votre motivation, à suivre vos progrès et à maximiser vos chances de réussite. Dans les sections suivantes de ce livre, nous explorerons des stratégies spécifiques pour planifier et atteindre vos objectifs financiers à court, moyen et long terme, vous aidant ainsi à progresser vers la liberté financière que vous désirez tant.

CHAPITRE 2: L'IMPORTANCE DE L'ÉPARGNE

2.1 Pourquoi épargner?

2.1.1 La sécurité financière

Lorsqu'on aborde la question de l'épargne, l'un des aspects les plus importants qui viennent à l'esprit est la sécurité financière. La sécurité financière se traduit par la tranquillité d'esprit que l'on ressent lorsque l'on sait que l'on dispose d'une réserve d'argent pour faire face aux dépenses inattendues, aux urgences ou aux périodes de transition. Dans cette section, nous explorerons en détail pourquoi la sécurité financière est essentielle, comment elle peut être atteinte grâce à l'épargne, et en quoi elle contribue à votre quête de liberté financière.

La sécurité financière: Une Nécessité

La vie est imprévisible, et les défis financiers peuvent surgir à tout moment. Il peut s'agir de dépenses médicales inattendues, de réparations urgentes à la maison, de la perte d'emploi, ou d'autres événements imprévus. Sans une base financière solide, ces situations peuvent être incroyablement stressantes et déstabilisantes.

La sécurité financière vous offre une couverture contre de tels événements. Elle vous permet de faire face aux imprévus sans avoir à emprunter de l'argent, à accumuler des dettes ou à sacrifier vos objectifs financiers à long terme. Lorsque vous avez une épargne bien établie, vous avez la tranquillité d'esprit que votre avenir financier est entre vos mains.

Les Avantages de la Sécurité Financière

Réduction du Stress: Lorsque vous avez une réserve financière en place, vous êtes moins susceptible de vous inquiéter constamment des problèmes financiers. Vous savez que vous pouvez faire face aux urgences, ce qui réduit considérablement le stress lié à l'argent.

Indépendance: La sécurité financière vous donne une plus grande indépendance. Vous n'êtes pas obligé de dépendre des autres, que ce soit des amis, de la famille ou des prêteurs, pour vous sortir de situations difficiles.

Opportunités: Lorsque vous êtes financièrement stable, vous êtes mieux préparé à saisir les opportunités qui se présentent. Que ce soit investir dans une occasion en or, acheter une maison à un prix avantageux, ou poursuivre une formation qui pourrait améliorer vos perspectives de carrière, la sécurité financière élargit vos horizons.

Liberté de Choix: Vous avez la liberté de prendre des décisions financières qui correspondent à vos valeurs et à vos objectifs. Vous n'êtes pas contraint de faire des choix basés uniquement sur des considérations financières immédiates.

Comment Atteindre la Sécurité Financière grâce à l'Épargne

La sécurité financière n'est pas un état atteint du jour au lendemain, mais plutôt un processus continu. L'épargne est l'un des moyens les plus efficaces d'y parvenir. Voici comment vous pouvez utiliser l'épargne pour renforcer votre sécurité financière:

Établissez un Fonds d'Urgence: L'un des premiers pas vers la sécurité financière est de constituer un fonds d'urgence. Ce fonds devrait couvrir au moins trois à six mois de dépenses courantes. Il vous protégera en cas de perte d'emploi, de problème de santé ou de toute autre urgence financière.

Planifiez Vos Économies: Établissez un plan d'épargne réaliste et atteignable. Fixez-vous des objectifs spécifiques d'épargne mensuelle ou annuelle. Automatisez vos transferts d'argent vers un compte d'épargne pour vous assurer que vous économisez régulièrement.

Investissez: Une fois que vous avez établi votre fonds d'urgence, envisagez d'investir pour augmenter vos économies à long terme. Les investissements bien choisis peuvent générer des rendements et accroître votre patrimoine au fil du temps.

Évitez les Dettes Inutiles: Les dettes excessives peuvent compromettre votre sécurité financière. Évitez de contracter des dettes inutiles, surtout celles avec des taux d'intérêt élevés. Éliminez les dettes existantes dès que possible.

Visez la Croissance Financière: Cherchez à augmenter vos revenus au fil du temps. Que ce soit par le biais d'une promotion professionnelle, d'une nouvelle qualification ou d'opportunités entrepreneuriales, une croissance financière vous donne une plus grande marge de sécurité.

La sécurité financière est bien plus qu'une simple tranquillité d'esprit. Elle vous donne la liberté de vivre votre vie selon vos propres termes, de prendre des décisions sans être constamment préoccupé par les problèmes financiers, et de saisir les opportunités qui se présentent. L'épargne est l'un des moyens les plus puissants pour atteindre cette sécurité financière. Commencez dès maintenant à créer une base financière solide qui vous permettra de prendre votre destinée financière en main.

2.1.2 La puissance des intérêts composés

La puissance des intérêts composés est un élément clé de toute stratégie d'épargne. Les intérêts composés sont comme une force invisible qui travaille en votre faveur pour faire croître votre argent au fil du temps. Dans cette section, nous allons plonger dans le concept des intérêts composés, expliquer comment ils fonctionnent, et pourquoi ils sont l'un des moteurs les plus puissants pour atteindre la liberté financière.

Comprendre les Intérêts Composés

Les intérêts composés sont la capacité de votre argent à gagner de l'argent sur lui-même. Les intérêts que vous percevez ne se limitent pas à votre capital initial. Ils viennent s'ajouter à ce capital, générant ainsi des intérêts composés. Cela crée une croissance exponentielle de votre argent au fil du temps.

Pour illustrer cela, prenons un exemple simple. Supposons que vous investissiez 1 000 euros à un taux d'intérêt annuel de 5 %. Au bout d'un an, vous auriez gagné 50 euros d'intérêts, portant votre total à 1 050 euros. Au deuxième année, vous ne gagneriez pas seulement 5 % sur votre capital initial de 1 000 euros, mais sur les 1 050 euros, ce qui vous donnerait 52,50 euros d'intérêts. À la fin de la deuxième année, votre total serait de 1 102,50 euros.

Ce processus se répète année après année, et plus vous laissez votre argent croître, plus les intérêts composés deviennent puissants. Au fur et à mesure que le capital augmente, les gains en intérêts deviennent également plus importants. C'est pourquoi l'une des règles fondamentales de l'épargne et de l'investissement est de commencer tôt. Plus tôt vous commencez à épargner, plus les intérêts composés ont le temps de travailler à votre avantage.

Exemple concret de la puissance des intérêts composés

Pour mieux comprendre la puissance des intérêts composés, prenons un exemple concret. Supposons que vous commenciez à épargner à l'âge de 25 ans et que vous décidiez d'investir 100 euros par mois dans un compte d'épargne ou un investissement qui rapporte un taux de rendement annuel moyen de 7 %. Voici comment votre argent se développerait au fil du temps :

À 35 ans, vous auriez épargné 12 000 euros, mais votre compte vaudrait environ 17 511 euros grâce aux intérêts composés.

À 45 ans, vous auriez épargné 24 000 euros, mais votre compte vaudrait environ 43 739 euros grâce aux intérêts composés.

À 55 ans, vous auriez épargné 36 000 euros, mais votre compte vaudrait environ 82 954 euros grâce aux intérêts composés.

Comme vous pouvez le voir, les intérêts composés peuvent transformer des contributions modestes en une somme considérable au fil du temps. Plus tôt vous commencerez à épargner et à investir, mieux ce sera.

Comment tirer parti des intérêts composés

Pour tirer pleinement parti des intérêts composés, voici quelques étapes importantes à suivre:

Commencez tôt: Plus tôt vous commencez à épargner, plus vous avez de temps pour bénéficier des intérêts composés. Ne sous-estimez pas l'importance de la jeunesse en matière d'épargne.

Investissez judicieusement: Choisissez des investissements qui offrent un potentiel de rendement solide à long terme. Les comptes d'épargne et les comptes à faible rendement peuvent ne pas être suffisants pour tirer pleinement parti des intérêts composés.

Restez constant: Établissez une habitude d'épargne régulière. Même de petites contributions mensuelles peuvent s'additionner au fil du temps grâce aux intérêts composés.

Réinvestissez vos gains: Lorsque vous gagnez des intérêts ou des dividendes sur vos investissements, réinvestissez-les pour accélérer la croissance de votre capital initial.

Surveillez vos investissements: Restez attentif à la performance de vos investissements et ajustez votre portefeuille si nécessaire pour maintenir un rendement optimal.

Les intérêts composés sont l'un des outils les plus puissants pour atteindre la liberté financière. Ils permettent à votre argent de croître de manière exponentielle au fil du temps, créant un effet boule de neige qui peut transformer de modestes contributions en une somme considérable. Comprendre et exploiter la puissance des intérêts composés est essentiel pour prendre votre destinée financière en main.

2.1.3 Se préparer pour les imprévus

Dans votre quête de liberté financière, la préparation pour les imprévus joue un rôle essentiel. La vie est pleine d'incertitudes, et il est impossible de prédire avec précision ce qui peut se produire à l'avenir. Vous devez mettre en place une épargne pour faire face aux imprévus. Dans cette section, nous explorerons pourquoi la préparation pour les imprévus est essentielle, comment la mettre en œuvre et les avantages qu'elle offre pour votre parcours vers la liberté financière.

L'Incertitude de la Vie

La vie est pleine d'incertitudes, qu'il s'agisse de problèmes de santé, de pannes de voiture, de réparations domiciliaires inattendues, de perte d'emploi, ou même de situations d'urgence nationale. Personne n'est à l'abri de ces événements. Ce qui compte, c'est comment vous vous préparez à y faire face. Lorsque vous avez une épargne pour les imprévus, vous êtes mieux armé pour faire face à ces défis sans perturber vos finances à long terme.

L'Importance de l'Épargne d'Urgence

L'épargne d'urgence est une partie essentielle de la préparation pour les imprévus. C'est un fonds dédié qui devrait couvrir au moins trois à six mois de dépenses courantes. Lorsque vous avez un tel fonds en place, vous pouvez faire face aux urgences financières sans avoir à emprunter de l'argent ou à vous appuyer sur des cartes de crédit à taux d'intérêt élevé. Vous pouvez continuer à couvrir vos dépenses de base, même en cas de perte de revenu.

Comment Établir un Fonds d'Urgence

Fixez un objectif réaliste: Déterminez combien vous devez économiser pour couvrir trois à six mois de dépenses courantes. Cela peut varier en fonction de votre situation personnelle, de votre style de vie et de vos obligations financières.

Créez un budget: Analysez vos dépenses mensuelles pour comprendre où va votre argent. Identifiez les domaines où vous pouvez réduire vos dépenses pour économiser davantage.

Établissez un plan d'épargne: Fixez-vous un objectif d'économies mensuelles et automatisez les transferts vers votre compte d'épargne d'urgence. Traitez ces économies comme une dépense obligatoire.

Évitez les retraits non essentiels: Votre fonds d'urgence est destiné aux urgences financières, pas aux achats impulsifs. Évitez de retirer de l'argent de ce fonds sauf en cas de véritable besoin.

Les Avantages de la Préparation pour les Imprévus

Réduction du Stress: Avoir une épargne d'urgence vous procure une tranquillité d'esprit, car vous savez que vous êtes prêt à faire face à l'inattendu.

Indépendance Financière: Vous n'avez pas besoin de compter sur d'autres sources de financement, comme des prêts ou des emprunts, pour faire face aux imprévus.

Protection de Vos Objectifs à Long Terme: En ayant une épargne d'urgence en place, vous évitez de devoir puiser dans vos économies à long terme pour faire face aux urgences.

Meilleure Gestion de Crise: Vous pouvez prendre des décisions éclairées en cas d'urgence financière, sans paniquer ni vous sentir acculé.

Maintien de Votre Trajectoire vers la Liberté Financière: La préparation pour les imprévus vous aide à maintenir le cap sur vos objectifs financiers à long terme sans être dévié par des problèmes temporaires.

La préparation pour les imprévus est un élément fondamental de votre parcours vers la liberté financière. Elle vous donne la tranquillité d'esprit nécessaire pour faire face aux imprévus de la vie sans compromettre vos objectifs financiers à long terme. Commencez dès aujourd'hui à créer un fonds d'urgence solide et à vous préparer à tout ce que l'avenir peut réserver.

2.2 Comment épargner efficacement

2.2.1 Automatiser l'épargne

L'automatisation de l'épargne est une stratégie puissante pour atteindre la liberté financière. Cela signifie mettre en place un système où une partie de votre revenu est automatiquement transférée vers vos comptes d'épargne ou d'investissement avant même que vous ayez la possibilité de dépenser cet argent. Dans cette section, nous allons explorer pourquoi l'automatisation de l'épargne est si efficace, comment la mettre en œuvre et les avantages qu'elle offre pour votre parcours vers la liberté financière.

Pourquoi Automatiser l'Épargne?

Automatiser l'épargne présente de nombreux avantages. Voici quelques-unes des raisons pour lesquelles cette stratégie est si efficace:

Discipline financière: L'automatisation vous oblige à épargner régulièrement, créant ainsi une discipline financière. Vous traitez l'épargne comme une dépense obligatoire, ce qui contribue à la prévisibilité de vos économies.

Élimination de la procrastination: L'automatisation évite la tentation de repousser l'épargne à plus tard. Vous n'avez pas à vous rappeler de transférer de l'argent chaque mois, car le système le fait pour vous.

Croissance constante: En épargnant de manière régulière et constante, vous créez un rythme de croissance de votre patrimoine. Vos économies augmentent progressivement, même si vous commencez modestement.

Réduction des erreurs humaines: Les erreurs humaines, telles que l'oubli de transférer de l'argent, peuvent nuire à vos objectifs financiers. L'automatisation réduit ce risque.

Comment Automatiser l'Épargne?

Voici les étapes à suivre pour automatiser votre épargne efficacement:

Analysez votre budget: Pour commencer, examinez votre budget pour déterminer la somme que vous pouvez confortablement épargner chaque mois. Il est important que cette somme soit réaliste et durable à long terme.

Ouvrez des comptes dédiés: Créez des comptes d'épargne spécifiques pour vos objectifs financiers, tels qu'un fonds d'urgence, un compte pour un achat majeur, ou un compte d'investissement. Cette séparation facilite la gestion de vos économies.

Configurez des transferts automatiques: Contactez votre banque ou utilisez des services en ligne pour mettre en place des transferts automatiques depuis votre compte principal vers vos comptes d'épargne ou d'investissement. Choisissez une date de transfert qui correspond à la réception de votre salaire ou de vos revenus pour garantir la cohérence.

Fixez des objectifs clairs: Définissez des objectifs financiers précis pour chaque compte d'épargne. Cela vous motivera à épargner de manière disciplinée.

Surveillez vos progrès: Gardez un œil sur vos comptes d'épargne pour vous assurer que les transferts automatiques se déroulent sans problème et que vos économies croissent conformément à vos objectifs.

Les Avantages de l'Automatisation de l'Épargne

Consistance: L'automatisation favorise la régularité et la constance dans vos habitudes d'épargne, ce qui est essentiel pour atteindre la liberté financière.

Gain de temps: Vous économisez du temps en évitant de devoir gérer manuellement vos transferts d'argent chaque mois.

Réduction des tentations de dépenses: L'argent transféré automatiquement est souvent **"hors de vue, hors de l'esprit"**, ce qui réduit la tentation de le dépenser impulsivement.

Renforcement de la discipline: L'automatisation renforce votre discipline financière en faisant de l'épargne une priorité.

L'automatisation de l'épargne est un outil puissant pour atteindre la liberté financière. Elle vous aide à maintenir une discipline financière, à éliminer la procrastination et à créer un rythme de croissance constant de votre patrimoine. En mettant en place des transferts automatiques vers des comptes d'épargne ou d'investissement, vous prenez une mesure proactive pour prendre votre destinée financière en main.

2.2.2 Les différents produits d'épargne

Votre parcours vers la liberté financière passe par la connaissance des différents produits d'épargne. Choisir le bon produit d'épargne peut avoir un impact significatif sur la croissance de votre patrimoine. Dans cette section, nous explorerons les options d'épargne les plus courantes et vous donnerons des informations sur leur fonctionnement, leurs avantages et leurs inconvénients.

1. Comptes d'Épargne

Les comptes d'épargne sont l'un des moyens les plus simples et les plus accessibles pour mettre de l'argent de côté. Ils sont généralement proposés par des banques et des institutions financières. Voici comment ils fonctionnent:

Fonctionnement: Vous ouvrez un compte d'épargne auprès d'une banque. Vous déposez de l'argent sur ce compte, et la banque vous verse des intérêts sur votre solde.

Avantages: Les comptes d'épargne sont sécurisés, faciles à utiliser, et vous pouvez généralement accéder à votre argent à tout moment. Ils offrent une liquidité élevée, ce qui signifie que vous pouvez retirer votre argent en cas de besoin.

Inconvénients: Les taux d'intérêt des comptes d'épargne sont généralement faibles, ce qui limite la croissance de votre argent au fil du temps. Ils ne sont pas idéaux pour la constitution d'une richesse significative à long terme.

2. Comptes du Marché Monétaire

Les comptes du marché monétaire sont similaires aux comptes d'épargne, mais ils offrent généralement des taux d'intérêt légèrement plus élevés. Voici comment ils fonctionnent:

Fonctionnement: Vous ouvrez un compte du marché monétaire auprès d'une institution financière. Comme pour un compte d'épargne, vous déposez de l'argent et recevez des intérêts.

Avantages: Les taux d'intérêt sont plus élevés que ceux des comptes d'épargne, ce qui signifie une croissance légèrement plus rapide de votre argent. Les comptes du marché monétaire restent liquides et offrent une relative sécurité.

Inconvénients: Bien que les taux d'intérêt soient plus élevés que ceux des comptes d'épargne, ils restent généralement modestes. Certains comptes du marché monétaire peuvent avoir des exigences de solde minimum.

3. Certificats de Dépôt (CD)

Les CD sont des produits d'épargne à terme offerts par les banques. Voici comment ils fonctionnent:

Fonctionnement: Vous achetez un CD en déposant une somme d'argent auprès d'une banque pour une durée spécifiée. En échange, la banque vous verse un taux d'intérêt fixe pendant cette période.

Avantages: Les CD offrent des taux d'intérêt généralement plus élevés que les comptes d'épargne ou les comptes du marché monétaire. Ils sont également considérés comme sûrs car ils sont généralement assurés par la FDIC (Federal Deposit Insurance Corporation) aux États-Unis.

Inconvénients: Les CD ont une échéance fixe, ce qui signifie que votre argent est gelé pour la durée du contrat. Si vous retirez des fonds avant l'échéance, vous pouvez encourir des pénalités. Les taux d'intérêt des CD peuvent être moins compétitifs que ceux d'autres options d'investissement.

4. Comptes d'Investissement

Les comptes d'investissement, tels que les comptes de courtage, sont conçus pour la croissance à long terme de votre patrimoine. Voici comment ils fonctionnent:

Fonctionnement: Vous ouvrez un compte d'investissement auprès d'une société de courtage. Vous pouvez investir dans diverses classes d'actifs, telles que des actions, des obligations, des fonds communs de placement, etc.

Avantages: Les comptes d'investissement offrent un potentiel de rendement plus élevé que les comptes d'épargne traditionnels. Vous pouvez personnaliser votre portefeuille en fonction de vos objectifs financiers à long terme.

Inconvénients: Les investissements comportent un certain niveau de risque, et la valeur de votre portefeuille peut fluctuer. Les comptes d'investissement ne sont pas aussi liquides que les comptes d'épargne, ce qui signifie que vous ne pouvez pas toujours accéder à votre argent immédiatement sans vendre des actifs.

Votre choix d'investissement dépend en grande partie de votre compréhension des différents produits d'épargne. Chaque option a ses avantages et ses inconvénients, et la meilleure approche dépend de vos objectifs financiers à court et à long terme. En diversifiant vos stratégies d'épargne, vous pouvez maximiser vos chances de réussite dans votre quête de liberté financière.

2.2.3 Épargner selon ses priorités

Épargner selon ses priorités est une stratégie essentielle pour atteindre la liberté financière. Lorsque vous définissez des objectifs financiers clairs et que vous hiérarchisez vos besoins et vos désirs, vous pouvez affecter judicieusement vos ressources financières pour atteindre ces objectifs. Dans cette section, nous allons explorer comment épargner en fonction de vos priorités financières et comment cela peut vous rapprocher de votre indépendance financière.

1. Identifiez vos Objectifs Financiers

Le premier pas pour épargner selon vos priorités est d'identifier clairement vos objectifs financiers. Posez-vous les questions suivantes:

Quels sont mes objectifs financiers à court terme (moins d'un an) ?
Quels sont mes objectifs financiers à moyen terme (1 à 5 ans) ?
Quels sont mes objectifs financiers à long terme (plus de 5 ans) ?

Vos objectifs peuvent inclure la constitution d'un fonds d'urgence, l'achat d'une maison, l'épargne pour la retraite, le financement de l'éducation de vos enfants, ou tout autre projet financier qui vous tient à cœur.

2. Hiérarchisez vos Objectifs

Une fois que vous avez identifié vos objectifs, il est temps de les hiérarchiser en fonction de leur importance et de leur urgence. Voici quelques conseils pour vous aider à hiérarchiser vos priorités:

Fonds d'urgence: Établissez d'abord un fonds d'urgence pour faire face aux dépenses imprévues. Il s'agit généralement d'un montant équivalant à 3 à 6 mois de dépenses courantes.

Dettes: Si vous avez des dettes à taux d'intérêt élevé, telles que des cartes de crédit, envisagez de les rembourser rapidement. Éliminer ces dettes peut être une priorité essentielle pour réduire les coûts financiers.

Objectifs à court terme: Une fois que votre fonds d'urgence est en place et que vous maîtrisez vos dettes, concentrez-vous sur les objectifs à court terme, tels que l'achat d'une voiture ou des vacances.

Objectifs à long terme: Mettez en place des stratégies d'épargne pour vos objectifs à long terme, comme la retraite ou l'achat d'une maison.

3. Créez un Plan d'Épargne

Avec vos priorités financières clairement définies, créez un plan d'épargne pour chaque objectif. Voici comment procéder:

Déterminez le montant nécessaire: Pour chaque objectif, calculez le montant dont vous aurez besoin. Soyez réaliste et prenez en compte l'inflation et les taux d'intérêt.

Établissez un échéancier: Fixez une date cible pour atteindre chaque objectif. Cela vous permettra de déterminer le montant que vous devez épargner chaque mois.

Automatisez vos épargnes: Mettez en place des transferts automatiques depuis votre compte principal vers des comptes d'épargne dédiés à chaque objectif. L'automatisation garantit que vous mettez de l'argent de côté régulièrement.

Révisez régulièrement: Passez en revue votre plan d'épargne périodiquement pour vous assurer que vous êtes sur la bonne voie. Si nécessaire, ajustez vos contributions en fonction de l'évolution de vos priorités ou de votre situation financière.

4. Faites des Sacrifices Judicieux

Atteindre vos objectifs financiers peut nécessiter des sacrifices. Il peut être nécessaire de réduire les dépenses superflues ou de trouver des moyens supplémentaires de générer des revenus. Ces sacrifices sont souvent temporaires et en valent la peine pour réaliser vos rêves financiers.

5. Restez Motivé

Atteindre vos objectifs financiers peut prendre du temps, il est donc important de rester motivé. Suivez vos progrès, célébrez vos réussites intermédiaires et gardez en tête la liberté financière que vous souhaitez atteindre.

Épargner selon ses priorités est une stratégie clé pour réaliser vos rêves financiers et vous rapprocher de la liberté financière. En identifiant clairement vos objectifs, en les hiérarchisant et en établissant un plan d'épargne, vous pouvez prendre le contrôle de votre destinée financière et travailler activement à la réalisation de vos aspirations financières.

2.3 Défis et solutions de l'épargne

2.3.1 Surmonter les tentations de dépense

L'un des défis les plus courants lors de l'épargne est de résister aux tentations de dépense. Dans un monde où nous sommes constamment exposés à des publicités, à des offres promotionnelles et à des incitations à la consommation, il peut être difficile de garder le cap sur vos objectifs financiers. Il existe des stratégies efficaces pour surmonter ces tentations et maintenir votre discipline financière. Dans cette section, nous allons explorer ces défis et leurs solutions.

1. Comprendre les Tentations de Dépense

La première étape pour surmonter les tentations de dépense est de les comprendre. Les tentations de dépense peuvent prendre de nombreuses formes, telles que:

Achats impulsifs: Vous voyez quelque chose qui vous plaît et vous l'achetez immédiatement, sans réfléchir.

Offres promotionnelles: Vous êtes tenté par des réductions, des ventes flash ou des offres spéciales, même si vous n'avez pas vraiment besoin de l'article en question.

Pression sociale: Vous dépensez de l'argent pour suivre le rythme des autres ou pour paraître socialement conforme.

Plaisirs instantanés: Vous privilégiez les dépenses qui vous procurent un plaisir immédiat au détriment de l'épargne pour l'avenir.

2. Créer un Budget Réaliste

L'une des solutions les plus efficaces pour surmonter les tentations de dépense est de créer un budget réaliste. Un budget vous permet de planifier vos dépenses et de réserver une part de vos revenus pour l'épargne. Voici comment créer un budget:

Identifiez vos revenus: Faites la liste de tous vos revenus mensuels, y compris les salaires, les revenus supplémentaires et les allocations.

Listez vos dépenses: Identifiez toutes vos dépenses mensuelles, y compris les factures, les frais de subsistance, les loyers, les remboursements de prêts, les dépenses de loisirs, etc.

Allouez une partie à l'épargne: Réservez une part de vos revenus pour l'épargne dès le début. Considérez cela comme une dépense non négociable.

Fixez des limites pour les dépenses discrétionnaires: Identifiez les domaines où vous pouvez réduire vos dépenses discrétionnaires, comme les restaurants, les achats impulsifs, etc.

3. Utilisez la Liste d'Attente

La liste d'attente est une technique efficace pour surmonter les achats impulsifs. Plutôt que d'acheter un article dès que vous le voyez, ajoutez-le à une liste d'attente. Attendez un certain temps, comme 24 heures ou une semaine, avant de décider si vous voulez toujours l'acheter. Souvent, vous constaterez que le désir initial de l'acheter s'est estompé.

4. Pratiquez la Pleine Conscience Financière

La pleine conscience financière consiste à être conscient de vos habitudes de dépense et de vos émotions liées à l'argent. Avant de faire un achat, posez-vous les questions suivantes:

Ai-je vraiment besoin de cela ?
Est-ce un achat impulsif ?

DEVENIR LIBRE FINANCIÈREMENT

Comment cet achat affectera-t-il mes objectifs financiers à long terme ?

La prise de conscience de vos motivations d'achat peut vous aider à prendre des décisions plus réfléchies.

5. Établissez des Objectifs d'Épargne Convaincants

Pour rester motivé à épargner, établissez des objectifs d'épargne convaincants et visualisez les avantages qu'ils apporteront à votre vie. Si votre objectif est de devenir propriétaire, imaginez-vous dans votre nouvelle maison. Cette vision peut renforcer votre détermination à résister aux tentations de dépense.

6. Évitez les Pièges de la Carte de Crédit

Les cartes de crédit facilitent les achats impulsifs. Pour éviter de dépenser plus que prévu, limitez l'utilisation de vos cartes de crédit et privilégiez les paiements en espèces ou par carte de débit. Remboursez intégralement le solde de votre carte de crédit chaque mois pour éviter les intérêts.

Surmonter les tentations de dépense est essentiel pour maintenir une discipline financière solide et atteindre vos objectifs d'épargne. En comprenant les sources de tentation, en créant un budget réaliste, en utilisant la liste d'attente, en pratiquant la pleine conscience financière, et en évitant les pièges de la carte de crédit, vous pouvez renforcer votre capacité à prendre des décisions financières réfléchies et à rester concentré sur vos objectifs à long terme.

Rappelez-vous que la discipline financière est une compétence qui s'améliore avec le temps et la pratique. Plus vous vous engagez à surmonter les tentations de dépense, plus il sera facile de maintenir des habitudes financières saines et de progresser vers la liberté financière que vous recherchez.

2.3.2 Adapter son mode de vie

Lorsque vous vous lancez dans un voyage vers la liberté financière, l'adaptation de votre mode de vie est souvent nécessaire. Cela peut signifier des ajustements, des réorganisations et des choix délibérés pour aligner votre style de vie sur vos objectifs financiers. Dans cette section, nous explorerons l'importance d'adapter son mode de vie pour atteindre la liberté financière et vous donnerons des conseils pratiques pour y parvenir.

1. Évaluation de Votre Mode de Vie Actuel

La première étape pour adapter votre mode de vie à vos objectifs financiers est de faire une évaluation honnête de votre situation actuelle. Examinez vos habitudes de dépense, vos choix de vie et vos priorités financières. Posez-vous les questions suivantes:

Où dépensez-vous le plus d'argent ? Identifiez les domaines où vos dépenses sont les plus élevées. Cela pourrait inclure le logement, les sorties, les achats impulsifs, etc.

Quelles sont vos priorités financières ? Définissez clairement vos objectifs financiers à court, moyen et long terme. Cela peut inclure l'épargne pour la retraite, l'achat d'une maison, le remboursement des dettes, etc.

Qu'est-ce qui compte le plus pour vous ? Réfléchissez à vos valeurs et à ce qui est vraiment important pour vous. Votre mode de vie devrait refléter ces valeurs.

2. Faire des Choix Conscients

Une fois que vous avez évalué votre mode de vie actuel, il est temps de faire des choix conscients pour l'adapter à vos objectifs financiers. Voici quelques conseils pour vous guider:

Priorisez vos objectifs financiers: Classez vos objectifs financiers par ordre d'importance et concentrez vos ressources sur les plus prioritaires.

Réduisez les dépenses non essentielles: Identifiez les dépenses qui ne contribuent pas significativement à votre bonheur ou à vos objectifs financiers, et envisagez de les réduire ou de les éliminer.

Économisez sur le logement: Le logement est souvent l'une des plus grandes dépenses. Recherchez des moyens de réduire ces coûts, comme le colocation, la location d'une propriété moins chère ou la renégociation de votre prêt hypothécaire.

Évitez les achats impulsifs: Avant d'acheter quelque chose, demandez-vous si c'est vraiment nécessaire. Évitez les achats impulsifs en utilisant la liste d'attente, comme mentionné précédemment.

3. Adopter un Mode de Vie Plus Frugal

L'adoption d'un mode de vie plus frugal est un moyen efficace d'adapter vos dépenses à vos objectifs financiers. Cela ne signifie pas nécessairement de vivre de manière austère, mais plutôt de dépenser de manière plus consciente et de rechercher des moyens d'économiser de l'argent. Voici quelques idées pour adopter un mode de vie plus frugal:

Préparez vos repas à la maison: Manger au restaurant peut être coûteux. Préparer vos repas à la maison peut vous permettre d'économiser considérablement.

Achetez d'occasion: Pour les meubles et les vêtements, l'achat d'occasion est une excellente alternative à l'achat neuf.

Utilisez les transports en commun: Les transports en commun constituent une alternative intéressante à la voiture individuelle, notamment en termes de coûts.

Limitez les abonnements: Réexaminez vos abonnements mensuels et annuels, tels que les services de streaming, les salles de sport et les abonnements de magazines. Annulez ceux que vous n'utilisez pas régulièrement.

4. Restez Flexible et Réajustez

La vie est imprévisible, et vos objectifs financiers peuvent évoluer avec le temps. Restez flexible et réajustez votre mode de vie en conséquence. Parfois, il peut être nécessaire de reprioriser ou de réviser vos objectifs pour répondre aux changements de votre situation.

Adapter son mode de vie pour atteindre la liberté financière peut être un défi, mais c'est une étape essentielle sur le chemin de la réalisation de vos objectifs financiers. En évaluant votre mode de vie actuel, en faisant des choix conscients, en adoptant un mode de vie plus frugal et en restant flexible, vous pouvez aligner vos actions sur vos aspirations financières.

2.3.3 Trouver des sources de revenus supplémentaires pour augmenter l'épargne

Lorsque vous travaillez à atteindre la liberté financière, une partie essentielle de la stratégie consiste à augmenter vos revenus. Cela vous permettra d'augmenter votre capacité d'épargne, d'accélérer la réalisation de vos objectifs financiers et de vous donner une plus grande marge de manœuvre financière. Dans cette section, nous explorerons les différentes façons de trouver des sources de revenus supplémentaires pour augmenter votre épargne.

1. L'importance de Rechercher des Revenus Supplémentaires

Augmenter vos revenus est une étape clé pour atteindre la liberté financière. Voici pourquoi cela est si important:

Accélère la croissance de votre épargne: Des revenus supplémentaires signifient que vous pouvez épargner davantage chaque mois, ce qui accélère votre progression vers vos objectifs financiers.

Renforce votre sécurité financière: Avoir plusieurs sources de revenus vous rend plus résilient face aux imprévus financiers, tels que les dépenses médicales inattendues ou les réparations de voiture coûteuses.

Vous donne plus de flexibilité: Plus vous avez de revenus, plus vous avez de choix. Cela peut vous permettre de prendre des décisions financières plus éclairées et de poursuivre des opportunités qui vous tiennent à cœur.

2. Stratégies pour Trouver des Revenus Supplémentaires

Il existe de nombreuses stratégies pour trouver des sources de revenus supplémentaires. Voici quelques idées à explorer:

Travail à temps partiel: Recherchez des opportunités de travail à temps partiel dans votre domaine ou dans un domaine connexe. Cela peut être une façon efficace d'augmenter vos revenus tout en maintenant un équilibre entre travail et vie personnelle.

Freelance: Si vous avez des compétences spécifiques, envisagez de travailler en freelance. Vous pouvez offrir des services de graphisme, de rédaction, de programmation, etc., sur des plateformes en ligne.

Investissements: Investir dans des actions, des obligations, ou des biens immobiliers peut générer des revenus passifs. Les dividendes d'actions, les coupons d'obligations et les loyers de biens immobiliers sont autant de sources potentielles de revenus supplémentaires.

Créer une entreprise: Si vous avez une idée d'entreprise, explorez la possibilité de créer votre propre entreprise. Cela peut nécessiter du temps et des ressources initiales, mais cela peut aussi être une source de revenus significative à long terme.

Monétiser des compétences créatives: Si vous avez des talents créatifs, comme la peinture, la musique, la photographie, etc., envisagez de monétiser ces compétences en vendant vos œuvres ou en proposant des cours.

Investir dans l'éducation: Améliorer vos compétences et connaissances peut vous permettre de prétendre à des emplois mieux rémunérés. Investir dans votre éducation peut être un moyen rentable d'augmenter vos revenus à long terme.

3. La Gestion des Revenus Supplémentaires

Vos revenus complémentaires doivent être gérés avec soin pour en maximiser les bénéfices. Voici quelques conseils pour la gestion de vos revenus supplémentaires:

Créez un budget: Intégrez vos nouveaux revenus dans votre budget existant et assurez-vous de les affecter à des objectifs financiers spécifiques, tels que l'épargne pour la retraite ou le remboursement des dettes.

Pensez à l'avenir: Considérez la façon dont ces revenus supplémentaires peuvent vous aider à atteindre vos objectifs financiers à long terme. Cela peut vous motiver à rester discipliné dans la gestion de ces revenus.

Diversifiez vos sources de revenus: Il est judicieux de ne pas dépendre d'une seule source de revenus supplémentaires. Diversifiez vos activités pour réduire les risques financiers.

Consultez un professionnel: Si vous avez des revenus importants provenant d'investissements ou d'entreprises, envisagez de consulter un professionnel financier ou un comptable pour vous assurer que vous maximisez vos avantages fiscaux.

Trouver des sources de revenus supplémentaires pour augmenter votre épargne est une étape cruciale sur le chemin de la liberté financière. En explorant différentes stratégies, en gérant efficacement ces revenus et en gardant un œil sur vos objectifs financiers à long terme, vous pouvez accélérer votre progression vers la liberté financière.

CHAPITRE 3: INVESTIR POUR L'AVENIR

3.1 Les bases de l'investissement

3.1.1 Comprendre les différents types d'investissements

L'investissement est un pilier essentiel de la quête de la liberté financière. Comprendre les différents types d'investissements est le premier pas vers une gestion financière avisée et la croissance de votre patrimoine. Dans cette section, nous explorerons les principales catégories d'investissements pour vous aider à prendre des décisions éclairées.

1. Investissements à revenu fixe:

Les investissements à revenu fixe sont des placements qui génèrent un revenu prévisible sous forme de paiements réguliers, tels que des intérêts. Voici quelques exemples d'investissements à revenu fixe :

Obligations: Les obligations sont des titres de créance émis par des entreprises ou des gouvernements. Lorsque vous achetez une obligation, vous prêtez de l'argent à l'émetteur en échange de paiements d'intérêts réguliers et du remboursement du principal à l'échéance.

Certificats de dépôt (CD): Les CD sont des dépôts effectués auprès d'une institution financière pour une durée fixe, généralement de quelques mois à plusieurs années. En échange, vous recevez un taux d'intérêt garanti.

Fonds obligataires: Les fonds obligataires sont des produits d'investissement qui détiennent un portefeuille d'obligations. Ils offrent une diversification instantanée et sont gérés par des professionnels.

2. Investissements en actions:

Les investissements en actions représentent une participation dans une entreprise. Lorsque vous achetez des actions, vous devenez actionnaire de l'entreprise et avez droit à une part de ses profits et de ses pertes. Voici quelques exemples d'investissements en actions :

Actions individuelles: L'achat d'actions individuelles vous permet de choisir des entreprises spécifiques dans lesquelles investir. Cela demande une recherche approfondie et une gestion active de votre portefeuille.

Fonds communs de placement: Les fonds communs de placement sont gérés par des professionnels et détiennent un portefeuille diversifié d'actions. Ils offrent une facilité de diversification et de gestion.

Exchange Traded Funds (ETF): Les ETF sont similaires aux fonds communs de placement, mais se négocient en bourse comme des actions. Ils offrent une liquidité élevée et une diversification.

3. Investissements immobiliers:

Les investissements immobiliers consistent à acheter des biens immobiliers dans le but de les louer ou de les revendre à profit. Voici quelques exemples d'investissements immobiliers:

Biens immobiliers locatifs: L'achat de propriétés que vous louez à des locataires peut générer un revenu locatif régulier et potentiellement une appréciation de la valeur de la propriété.

Fonds immobiliers: Les fonds immobiliers sont des produits d'investissement qui détiennent un portefeuille de biens immobiliers commerciaux. Ils permettent une diversification dans l'immobilier sans avoir à acheter des propriétés individuelles.

REIT (Real Estate Investment Trust): Les REIT sont des sociétés qui possèdent et gèrent des biens immobiliers commerciaux. Ils sont tenus de distribuer la majeure partie de leurs revenus sous forme de dividendes aux actionnaires.

4. Investissements alternatifs:

Les investissements alternatifs regroupent une variété de produits d'investissement en dehors des catégories traditionnelles d'actions, d'obligations et d'immobilier. Ils peuvent inclure:

Investissements dans les matières premières: Les matières premières, telles que l'or, le pétrole ou les métaux précieux, peuvent être achetées physiquement ou via des contrats à terme.

Investissements dans les start-ups: L'investissement dans des jeunes entreprises à fort potentiel de croissance peut être réalisé via des plateformes de financement participatif ou des fonds de capital-risque.

Investissements dans l'art ou les collections: L'achat d'œuvres d'art, de voitures de collection ou d'autres actifs de collection peut être une forme d'investissement alternatif.

Comprendre les différents types d'investissements est essentiel pour prendre des décisions éclairées en matière financière. Chaque catégorie d'investissement présente ses propres avantages, inconvénients et niveaux de risque. Il est important de diversifier votre portefeuille en investissant dans différentes classes d'actifs pour atteindre vos objectifs financiers tout en gérant le risque. Dans les chapitres suivants, nous explorerons en détail la manière de construire un portefeuille d'investissement équilibré et de développer des compétences en gestion de portefeuille.

3.1.2 Le risque vs le rendement

Pour investir de manière éclairée, il faut connaître les liens entre le risque pris et le rendement attendu. Dans cette section, nous allons explorer le concept fondamental du risque par rapport au rendement et comment il influence vos décisions d'investissement.

Le Risque

Le risque en investissement se réfère à la possibilité de subir une perte financière par rapport à ce que vous attendiez. Il existe plusieurs formes de risque que les investisseurs doivent prendre en compte:

Risque de marché: Ce type de risque est lié aux fluctuations générales du marché financier. Les prix des actifs, comme les actions, les obligations et l'immobilier, peuvent augmenter ou diminuer en réponse à divers facteurs économiques, politiques ou géopolitiques.

Risque de crédit: Il s'agit du risque que l'émetteur d'une obligation ou d'un autre instrument financier ne soit pas en mesure de rembourser le capital ou les intérêts dus. Les investisseurs en obligations sont particulièrement sensibles à ce type de risque.

Risque de liquidité: Le risque de liquidité se produit lorsque vous ne pouvez pas vendre un actif rapidement sans subir une perte significative de sa valeur. Les actifs moins liquides, comme l'immobilier, peuvent être plus sensibles à ce risque.

Risque sectoriel: Certains secteurs de l'économie sont plus volatils que d'autres en raison de facteurs spécifiques à l'industrie. Les actions technologiques peuvent être sujettes à des fluctuations rapides.

Le Rendement

Le rendement, en revanche, se réfère aux gains financiers que vous pouvez espérer réaliser grâce à vos investissements. Il existe plusieurs façons de mesurer le rendement, notamment:

Taux de rendement: C'est le pourcentage de profit ou de perte que vous obtenez par rapport à votre investissement initial. Si vous investissez 1 000 euros et que vous réalisez un profit de 100 euros, votre taux de rendement est de 10 %.

Dividendes et intérêts: Certains investissements, comme les actions et les obligations, génèrent des revenus sous forme de dividendes et d'intérêts. Le rendement total d'un investissement peut être la somme de ces revenus plus les gains en capital.

La Relation Risque-Rendement

La relation entre le risque et le rendement est généralement positive, ce qui signifie que des investissements plus risqués ont le potentiel de générer des rendements plus élevés, mais ils comportent également un risque accru de pertes. À l'inverse, des investissements moins risqués, tels que les obligations gouvernementales, ont tendance à générer des rendements plus faibles, mais ils sont également plus stables.

Pour illustrer cette relation, prenons un exemple: les actions par rapport aux obligations. Les actions sont généralement considérées comme plus risquées que les obligations car leurs prix peuvent fluctuer de manière significative à court terme en raison des mouvements du marché. Sur le long terme, les actions ont historiquement produit des rendements plus élevés que les obligations. Cela signifie que si vous êtes prêt à supporter la volatilité à court terme, vous pourriez être récompensé par des gains plus importants sur le long terme.

La Diversification comme Stratégie de Gestion du Risque

La diversification est une stratégie clé pour gérer le risque tout en cherchant à obtenir un rendement satisfaisant. Elle consiste à répartir votre portefeuille entre différents types d'investissements et d'actifs pour réduire l'impact potentiel d'une mauvaise performance dans une seule zone. En détenant à la fois des actions, des obligations et de l'immobilier, vous pouvez atténuer le risque associé à une classe d'actifs spécifique.

La relation entre le risque et le rendement est un élément central de la prise de décision en matière d'investissement. Il est important de comprendre que le risque est inhérent à tout investissement, mais qu'il peut être géré de manière efficace grâce à la diversification et à une compréhension approfondie de vos objectifs financiers. En évaluant attentivement le niveau de risque que vous êtes prêt à accepter et en adaptant votre portefeuille en conséquence, vous pouvez mettre en place une stratégie d'investissement qui vous rapproche de la liberté financière.

3.1.3 L'importance de la diversification

L'investissement intelligent est essentiel pour atteindre la liberté financière, et l'une des stratégies les plus fondamentales que tout investisseur devrait comprendre est la diversification. En diversifiant votre portefeuille d'investissement, vous pouvez réduire le risque tout en cherchant à obtenir des rendements satisfaisants. Dans cette section, nous allons examiner de près l'importance de la diversification et comment vous pouvez l'appliquer à votre propre stratégie d'investissement.

Qu'est-ce que la diversification?

La diversification est une stratégie consistant à répartir vos investissements sur plusieurs classes d'actifs et à varier les types d'investissements au sein de chaque classe. L'idée principale derrière la diversification est de minimiser le risque en évitant de mettre tous vos œufs dans le même panier. En d'autres termes, si une partie de votre portefeuille sous-performe ou subit des pertes, d'autres parties de votre portefeuille peuvent compenser ces pertes, ce qui peut réduire l'impact global sur vos finances.

Pourquoi la diversification est-elle importante?

La diversification est importante pour plusieurs raisons:

Réduction du risque: L'un des principaux avantages de la diversification est la réduction du risque. Lorsque vous répartissez vos investissements sur différentes classes d'actifs, vous diminuez la probabilité que tous vos investissements réagissent de la même manière à un événement du marché. Si vous détenez à la fois des actions et des obligations, une baisse du marché des actions peut être compensée en partie par la performance plus stable des obligations.

Amélioration du rendement ajusté au risque: La diversification peut vous permettre d'obtenir un meilleur rendement ajusté au risque. En investissant dans un portefeuille diversifié, vous pouvez rechercher un équilibre entre la recherche de rendements élevés et la gestion du risque. Cela signifie que vous cherchez à obtenir des rendements satisfaisants tout en limitant les pertes potentielles.

Protection contre la volatilité: Les marchés financiers peuvent être volatils, et la diversification peut vous aider à atténuer les effets de cette volatilité. Lorsque vous détenez une variété d'actifs, il est moins probable que votre portefeuille subisse des variations de valeur extrêmes.

Comment diversifier votre portefeuille?

La diversification peut être mise en œuvre de plusieurs manières:

Diversification par classe d'actifs: Diversifiez votre portefeuille en investissant dans différentes classes d'actifs, telles que les actions, les obligations, l'immobilier et les matières premières. Chaque classe d'actifs réagit différemment aux événements du marché, ce qui peut contribuer à réduire le risque global.

Diversification au sein de chaque classe d'actifs: À l'intérieur de chaque classe d'actifs, investissez dans différents secteurs, industries ou régions géographiques. Si vous investissez dans des actions, ne vous limitez pas à un seul secteur, mais investissez dans plusieurs secteurs pour répartir davantage le risque.

Utilisation de fonds communs de placement ou d'ETF: Les fonds communs de placement et les ETF (Exchange-Traded Funds) permettent aux investisseurs de diversifier instantanément leur portefeuille en investissant dans un panier d'actifs. Ces produits d'investissement sont gérés par des professionnels qui sélectionnent et surveillent les actifs inclus dans le fonds.

La diversification est un principe fondamental de l'investissement intelligent. Elle offre une protection contre le risque excessif tout en permettant aux investisseurs de rechercher des rendements satisfaisants. En comprenant l'importance de la diversification et en appliquant cette stratégie à votre propre portefeuille d'investissement, vous pouvez progresser vers la réalisation de la liberté financière en minimisant les pertes potentielles et en maximisant les opportunités de croissance.

3.2 Comment choisir où investir

3.2.1 Évaluer son profil de risque

La première étape vers la liberté financière consiste à déterminer sa tolérance au risque. Votre profil de risque est une évaluation de votre tolérance au risque et de vos objectifs financiers. Cette évaluation est cruciale car elle vous aidera à choisir les investissements qui correspondent le mieux à votre situation personnelle et à vos objectifs. Dans cette section, nous examinerons en détail comment évaluer votre profil de risque et pourquoi c'est un élément clé de la planification financière.

Comprendre son profil de risque

Votre profil de risque est la mesure de votre capacité à supporter les fluctuations de valeur de vos investissements sans être trop stressé ou inquiet. Il tient compte de plusieurs facteurs, notamment:

Horizon temporel: Le temps que vous avez devant vous avant de devoir utiliser les fonds que vous investissez est un facteur crucial. Si vous avez un horizon temporel de long terme, vous pouvez généralement vous permettre de prendre plus de risques, car vous avez le temps de récupérer en cas de pertes temporaires.

Objectifs financiers: Vos objectifs financiers personnels jouent un rôle majeur dans la détermination de votre profil de risque. Si vous investissez pour votre retraite, vos besoins en matière de sécurité financière à long terme peuvent influencer votre tolérance au risque. D'un autre côté, si vous investissez pour un objectif à court terme, comme un achat de maison, vous pourriez être moins enclin à prendre des risques importants.

Tolérance au risque: Votre propre tolérance au risque est un facteur subjectif qui dépend de votre confort avec l'incertitude et de votre réaction émotionnelle face aux pertes. Certaines personnes sont plus à l'aise avec des investissements volatils, tandis que d'autres préfèrent la stabilité.

Pourquoi évaluer son profil de risque est-il important?

L'évaluation de votre profil de risque est cruciale pour plusieurs raisons:

Minimisation des pertes émotionnelles: En comprenant votre propre tolérance au risque, vous pouvez éviter de vous retrouver dans une situation où vous paniquez à la moindre fluctuation du marché. Cela vous permet de maintenir une approche plus stable et réfléchie de vos investissements.

Alignement des investissements sur vos objectifs: Un profil de risque bien évalué vous aide à choisir les investissements qui correspondent le mieux à vos objectifs financiers. Vous pouvez ainsi éviter de prendre des risques inutiles pour des objectifs à court terme ou de ne pas investir suffisamment pour atteindre des objectifs à long terme.

Optimisation des rendements: Lorsque votre portefeuille d'investissement est aligné sur votre profil de risque, vous êtes plus susceptible de rester investi à long terme, ce qui peut conduire à de meilleurs rendements au fil du temps.

Comment évaluer son profil de risque?

L'évaluation de votre profil de risque peut être effectuée avec l'aide d'un conseiller financier ou en utilisant des questionnaires en ligne. Ces questionnaires posent généralement une série de questions visant à évaluer votre tolérance au risque, votre horizon temporel et vos objectifs financiers. Sur la base de vos réponses, un conseiller ou un outil en ligne vous attribuera un profil de risque, tel que **"conservateur," "modéré"** ou **"agressif."**

Évaluer votre profil de risque est une étape essentielle de la planification financière. Elle vous aide à choisir les investissements qui correspondent le mieux à votre situation personnelle et à vos objectifs financiers. En comprenant votre tolérance au risque, votre horizon temporel et vos besoins financiers, vous pouvez prendre des décisions éclairées sur la manière de faire fructifier votre argent tout en minimisant les pertes émotionnelles.

3.2.2 Recherche et éducation financière

Lorsque vous décidez où investir votre argent en vue de votre liberté financière, la recherche et l'éducation financière deviennent des atouts précieux. Comprendre les différentes options d'investissement, évaluer les risques et les rendements potentiels, ainsi que suivre de près vos investissements sont des aspects essentiels du processus d'investissement. Dans cette section, nous explorerons pourquoi la recherche et l'éducation financière sont cruciales et comment vous pouvez les intégrer dans votre démarche d'investissement.

L'importance de la recherche financière

La recherche financière consiste à examiner attentivement les opportunités d'investissement, à analyser les données et à comprendre les implications de chaque option. Voici quelques raisons pour lesquelles la recherche financière est essentielle:

Prise de décision éclairée: La recherche vous permet de prendre des décisions éclairées concernant vos investissements. Vous pouvez comprendre les risques, les rendements potentiels et les avantages fiscaux de chaque option.

Réduction des risques: En investissant du temps dans la recherche, vous pouvez identifier et éviter des investissements qui pourraient être trop risqués ou ne pas correspondre à vos objectifs financiers.

Optimisation des rendements: La recherche vous permet d'identifier les opportunités d'investissement qui sont les plus susceptibles de générer des rendements satisfaisants. Cela peut vous aider à maximiser la croissance de votre portefeuille.

Éducation financière

L'éducation financière est un processus continu qui vous permet d'acquérir des connaissances et des compétences financières. Elle vous aide à comprendre les concepts financiers de base, tels que les taux d'intérêt, l'inflation, les impôts et les principes de diversification. L'éducation financière est importante pour plusieurs raisons:

Autonomie financière: Plus vous comprenez les concepts financiers, plus vous pouvez prendre en main votre situation financière. Vous pouvez prendre des décisions éclairées concernant l'épargne, l'investissement et la planification de la retraite.

Protection contre les fraudes: Une éducation financière solide peut vous protéger contre les escroqueries et les investissements frauduleux. Vous serez en mesure de reconnaître les signaux d'alarme et de prendre des décisions plus prudentes en matière d'investissement.

Planification financière efficace: L'éducation financière vous aide à élaborer une stratégie financière efficace. Vous pouvez définir des objectifs financiers réalistes et élaborer un plan pour les atteindre.

Comment mener des recherches financières efficaces

Pour effectuer des recherches financières efficaces, suivez ces étapes:

Définissez vos objectifs: Avant de commencer, clarifiez vos objectifs financiers. Voulez-vous des rendements élevés à court terme ou êtes-vous prêt à investir à long terme pour la sécurité financière à long terme ?

Diversifiez vos sources d'information: Consultez une variété de sources, y compris des livres, des articles, des sites Web financiers et des conseillers financiers. Plus vous obtenez d'informations de différentes sources, plus vous avez de chances de prendre des décisions éclairées.

Analysez les données: Lorsque vous examinez des investissements potentiels, analysez les données financières, les rapports annuels et les tendances du marché. Utilisez des outils d'analyse pour évaluer les risques et les rendements.

Soyez patient: La recherche financière prend du temps. Ne vous précipitez pas pour prendre des décisions impulsives. Prenez le temps d'analyser soigneusement chaque investissement.

Éducation financière continue

L'éducation financière est un processus continu. Vous pouvez suivre des cours en ligne, lire des livres sur la finance personnelle, ou même envisager de consulter un conseiller financier pour vous aider à comprendre les aspects plus complexes de l'investissement. Plus vous investissez dans votre éducation financière, plus vous serez en mesure de prendre des décisions éclairées et de bâtir un avenir financier solide.

Conclusion

La recherche et l'éducation financière sont des éléments clés de la réussite en matière d'investissement. Ils vous aident à prendre des décisions éclairées, à réduire les risques et à maximiser les rendements. En investissant du temps dans la recherche et en poursuivant votre éducation financière de manière continue, vous renforcez votre confiance dans vos choix financiers et vous vous donnez les outils nécessaires pour bâtir un avenir financier solide. Alors, engagez-vous à développer ces compétences précieuses pour mettre en œuvre une stratégie d'investissement qui vous rapproche de votre liberté financière.

3.2.3 Conseils pour éviter les pièges courants de l'investissement

Investir intelligemment pour atteindre la liberté financière est un processus qui demande patience, discipline et connaissance. Bien que les investissements puissent générer des rendements intéressants, il existe également de nombreux pièges courants auxquels les investisseurs novices peuvent être confrontés. Dans cette section, nous explorerons ces pièges et vous fournirons des conseils précieux pour les éviter.

1. Ne pas diversifier suffisamment: L'une des erreurs les plus courantes en matière d'investissement est de mettre tous ses œufs dans le même panier. Cela signifie que vous investissez tout votre argent dans un seul type d'actif, comme des actions d'une seule entreprise. Le problème avec cette approche est que si cette entreprise ou ce secteur spécifique connaît des difficultés, vous pourriez subir des pertes importantes. Pour éviter ce piège, diversifiez vos investissements en répartissant votre argent sur différents types d'actifs, tels que des actions, des obligations, de l'immobilier et des matières premières.

2. Ignorer les frais et les commissions: Lorsque vous investissez, vous rencontrerez inévitablement des frais et des commissions. Certains investisseurs ne font pas suffisamment attention à ces coûts, ce qui peut réduire considérablement leurs rendements. Assurez-vous de comprendre les frais associés à vos investissements, y compris les frais de gestion, les commissions de courtage et les frais de transaction. Recherchez des options d'investissement avec des frais raisonnables et assurez-vous que ces coûts n'entravent pas votre croissance financière.

3. Acheter et vendre fréquemment: Le marché financier est volatil, mais ne réagissez pas à chaque fluctuation en achetant et vendant fréquemment. Le market timing est risqué et peut entraîner des pertes. Adoptez plutôt une approche à long terme, investissez dans des actifs solides selon vos objectifs à long terme. Évitez la panique lors des baisses et gardez à l'esprit que les marchés fluctuent.

4. Ne pas avoir de plan d'investissement: Investir sans un plan solide est comme naviguer en eau trouble sans boussole. Vous devez avoir un plan d'investissement clair qui détaille vos objectifs financiers, votre tolérance au risque, votre horizon temporel et votre stratégie d'investissement. Un plan vous aidera à rester sur la bonne voie, à éviter les décisions impulsives et à rester concentré sur vos objectifs à long terme.

5. Écouter les prévisions financières sensationnalistes: Les médias financiers ont tendance à publier des prévisions sensationnalistes qui peuvent influencer les investisseurs à prendre des décisions précipitées. Gardez à l'esprit que personne ne peut prédire avec certitude l'avenir du marché. Évitez de baser vos décisions d'investissement sur des prédictions sensationnalistes et concentrez-vous sur des informations et des analyses objectives.

6. Ne pas surveiller ses investissements: Même si une approche à long terme est essentielle, cela ne signifie pas que vous devriez ignorer complètement vos investissements. Il est important de surveiller régulièrement vos investissements pour vous assurer qu'ils sont en ligne avec vos objectifs financiers. Rééquilibrez votre portefeuille si nécessaire et assurez-vous que vos investissements sont alignés sur votre plan d'investissement.

Investir pour la liberté financière est une étape cruciale, mais il est important de le faire avec prudence et stratégie. Éviter les pièges courants de l'investissement peut vous aider à protéger votre capital et à maximiser vos rendements. En diversifiant vos investissements, en restant discipliné et en ayant un plan solide, vous pouvez augmenter vos chances de réussite à long terme.

3.3 Maximiser les rendements

3.3.1 L'importance de la patience et de la vision à long terme

Dans le monde de l'investissement, la patience et la vision à long terme sont des qualités inestimables. La connaissance des mécanismes qui lient rendements et liberté financière vous permettra de prendre des décisions éclairées et de maximiser vos chances de réussite.

La croissance des investissements prend du temps

Tout d'abord, il est important de comprendre que la croissance des investissements prend généralement du temps. Les marchés financiers sont sujets à des fluctuations à court terme, et il est courant de voir des hausses et des baisses sur des périodes plus courtes. Les investisseurs qui maintiennent une vision à long terme ont tendance à voir leurs investissements croître de manière significative avec le temps.

Prenons l'exemple des actions d'entreprises solides. Historiquement, le marché boursier a connu une croissance moyenne à long terme d'environ

7 à 9 % par an après ajustement de l'inflation. Cela signifie que si vous investissez dans un portefeuille diversifié d'actions de qualité et que vous êtes prêt à attendre plusieurs années, voire des décennies, vos investissements ont de bonnes chances de croître de manière substantielle.

Les avantages de la capitalisation composée

Un autre facteur qui souligne l'importance de la patience est la capitalisation composée. La capitalisation composée est le processus par lequel vos rendements génèrent des intérêts, et ces intérêts générés commencent ensuite à générer à leur tour des intérêts. Plus vous laissez votre argent croître, plus la capitalisation composée devient puissante.

Prenons un exemple simple. Si vous investissez 10 000 € à un taux de rendement annuel de 8 %, vous auriez 21 589 € après 10 ans, mais cela passerait à 46 610 € après 20 ans. Vous pouvez voir comment la croissance s'accélère avec le temps grâce à la capitalisation composée.

Réduire le risque lié au marché

La patience et la vision à long terme peuvent également contribuer à réduire le risque lié au marché. Comme mentionné précédemment, les marchés financiers sont sujets à des fluctuations à court terme, mais au fil du temps, ils ont tendance à suivre une tendance à la hausse. En ayant une perspective à long terme, vous pouvez mieux résister à la volatilité du marché et éviter de prendre des décisions impulsives en réponse à des mouvements de prix à court terme.

L'importance de la discipline

Pour maintenir une vision à long terme et être patient dans vos investissements, la discipline est essentielle. Il est important de suivre un plan d'investissement solide, de diversifier votre portefeuille et de résister à l'envie de réagir aux fluctuations du marché. La discipline vous aide à rester concentré sur vos objectifs financiers à long terme et à éviter les erreurs coûteuses liées à la précipitation.

La patience et la vision long terme sont essentielles en investissement. La croissance prend du temps. En misant sur la capitalisation composée et en réduisant les risques, vous maximisez vos rendements vers la liberté financière. Chaque situation étant unique, personnalisez votre stratégie selon vos objectifs et tolérance au risque.

3.3.2 Réinvestir les gains

Le réinvestissement de vos gains est le moteur de votre croissance financière. C'est une stratégie clé pour augmenter vos rendements et vous rapprocher de la liberté financière. Dans ce chapitre, nous allons explorer pourquoi le réinvestissement des gains est si crucial et comment vous pouvez le mettre en pratique.

La puissance du réinvestissement

Le réinvestissement consiste à utiliser les rendements d'un placement pour en acquérir davantage, créant ainsi un cercle vertueux. Cette action simple peut avoir un fort impact à long terme grâce à la capitalisation composée, car vous capitalisez sur vos gains pour générer d'encore plus de gains.

Exemple de la capitalisation composée grâce au réinvestissement

Prenons un exemple pour illustrer la puissance du réinvestissement des gains. Supposons que vous investissiez 10 000 € dans des actions d'une entreprise solide qui verse un dividende annuel de 3 % et que le cours de l'action augmente en moyenne de 6 % par an.

Après la première année, vous recevrez un dividende de 300 € (3 % de 10 000 €), ce qui porte votre investissement total à 10 300 €.

La valeur de vos actions augmentera de 6 %, ce qui signifie que votre investissement de 10 300 € passera à 10 918 €.

L'année suivante, vous recevrez un dividende de 327,54 € (3 % de 10 918 €), et la valeur de vos actions augmentera à nouveau de 6 %.

Ce processus se répète année après année, avec vos dividendes et vos gains en capital s'additionnant à votre investissement initial. Au fil du temps, la croissance devient exponentielle grâce à la capitalisation composée. Si vous réinvestissez systématiquement vos gains, vous constaterez que votre portefeuille augmente beaucoup plus rapidement que si vous aviez simplement retiré les gains.

Réinvestir pour atteindre vos objectifs financiers

Le réinvestissement des gains est particulièrement important si vous visez des objectifs financiers à long terme, comme la retraite anticipée ou la constitution d'un fonds d'urgence solide. Il vous permet de faire fructifier votre argent de manière efficace et de maximiser vos rendements.

Les différentes manières de réinvestir: Il existe plusieurs manières de réinvestir vos gains, en fonction de votre stratégie d'investissement et de vos préférences. Voici quelques options courantes:

Réinvestissement des dividendes: Si vous détenez des actions de sociétés qui versent des dividendes, vous pouvez choisir de réinvestir ces dividendes en achetant davantage d'actions de la même entreprise. De nombreuses sociétés proposent un programme de réinvestissement des dividendes (PRD) qui facilite ce processus.

Réinvestissement des intérêts: Si vous avez des investissements à revenu fixe, comme des obligations ou des certificats de dépôt, vous pouvez réinvestir les intérêts que vous gagnez en les réaffectant à de nouveaux investissements.

Réinvestissement des bénéfices en capital: Lorsque vous vendez un investissement qui a généré des bénéfices en capital, vous pouvez réinvestir ces bénéfices dans d'autres opportunités d'investissement.

Conserver la discipline

La clé du réinvestissement réussi des gains est la discipline. Plutôt que de dépenser vos gains, privilégiez leur réinvestissement pour augmenter votre patrimoine. Cela peut nécessiter une planification financière minutieuse et une automatisation de vos réinvestissements pour éviter toute tentation de dépenser ces fonds.

Le réinvestissement des gains est une stratégie puissante pour maximiser les rendements de vos investissements et atteindre vos objectifs financiers à long terme. En capitalisant sur la puissance de la capitalisation composée, vous pouvez voir votre portefeuille croître de manière significative au fil du temps.

N'oubliez pas que le réinvestissement nécessite de la discipline et de la planification pour être efficace. En suivant cette stratégie, vous vous rapprochez de votre quête de liberté financière. Chaque dividende, intérêt ou bénéfice en capital réinvesti vous rapproche un peu plus de vos objectifs financiers, renforçant ainsi votre avenir financier et votre indépendance.

Le réinvestissement des gains n'est pas seulement une stratégie d'investissement puissante, c'est un acte d'engagement envers votre avenir financier. Alors, prenez la décision de réinvestir systématiquement vos gains et de capitaliser sur la magie de la capitalisation composée pour réaliser vos rêves financiers.

3.3.3 Suivre et ajuster régulièrement son portefeuille

Pour atteindre la liberté financière, comprendre l'importance du suivi régulier de votre portefeuille est crucial. Les marchés évoluent constamment, donc votre stratégie doit s'adapter. Un suivi régulier permet de maximiser vos rendements et minimiser les risques. Dans ce chapitre, nous explorons pourquoi ce suivi est essentiel et comment le mettre en pratique.

L'importance du suivi régulier: Le suivi régulier de votre portefeuille d'investissement est comparable à la maintenance régulière de votre voiture. Si vous ne vérifiez pas régulièrement l'huile, les pneus et d'autres composants, votre voiture risque de tomber en panne. De même, si vous ne suivez pas et n'ajustez pas votre portefeuille, il peut ne pas atteindre vos objectifs financiers ou subir des pertes importantes.

Voici pourquoi le suivi régulier est essentiel:

Adaptation aux changements du marché: Les conditions du marché changent avec le temps. Ce qui était un investissement solide hier peut ne plus l'être aujourd'hui. En suivant régulièrement votre portefeuille, vous pouvez repérer les opportunités et les menaces potentielles plus tôt.

Maintien de votre allocation d'actifs: Votre allocation d'actifs initiale est basée sur votre profil de risque et vos objectifs. Au fil du temps, les classes d'actifs peuvent évoluer à des rythmes différents. Il est important de rééquilibrer périodiquement votre portefeuille pour maintenir votre allocation d'actifs cible.

Réévaluation de vos objectifs: Vos objectifs financiers peuvent changer en fonction de votre situation personnelle et de l'évolution de votre vie. En réévaluant régulièrement vos objectifs, vous pouvez ajuster votre stratégie d'investissement pour les atteindre.

Fréquence du suivi

La fréquence du suivi de votre portefeuille peut varier en fonction de votre style d'investissement et de vos objectifs. Il est recommandé de le faire au moins une fois par trimestre. Cela vous permet de rester informé des développements du marché et d'apporter des ajustements si nécessaire.

Que surveiller lors du suivi de votre portefeuille

Lorsque vous suivez votre portefeuille, voici quelques éléments clés à surveiller:

Performance de vos investissements: Examinez la performance de chaque investissement dans votre portefeuille. Identifiez les gagnants et les perdants, et évaluez s'ils correspondent toujours à votre stratégie.

Rééquilibrage: Vérifiez si votre allocation d'actifs est conforme à vos objectifs. Si certaines classes d'actifs ont augmenté de manière significative par rapport à d'autres, envisagez de rééquilibrer en vendant des actifs surpondérés et en achetant des actifs sous-pondérés.

Nouveaux investissements: Si vous avez identifié de nouvelles opportunités d'investissement ou si votre stratégie a évolué, envisagez d'apporter des modifications à votre portefeuille.

Dividendes et intérêts: Si vous investissez dans des actions ou des obligations qui versent des dividendes ou des intérêts, assurez-vous que ces flux de trésorerie sont réinvestis conformément à votre stratégie.

Ajustement en fonction de la situation personnelle: En plus de surveiller les aspects purement financiers de votre portefeuille, tenez compte de votre situation personnelle. Des événements tels que le mariage, la naissance d'un enfant, l'achat d'une maison ou la retraite peuvent nécessiter des ajustements dans votre stratégie d'investissement pour répondre à vos nouveaux besoins et objectifs.

Faire appel à un professionnel: Si vous vous sentez dépassé par la gestion de votre portefeuille ou si vous avez des objectifs financiers complexes, envisagez de consulter un conseiller financier. Un professionnel peut vous aider à élaborer une stratégie d'investissement adaptée à votre situation et à surveiller votre portefeuille de manière proactive.

Suivre et ajuster régulièrement votre portefeuille d'investissement est une étape essentielle sur la voie de la liberté financière. Cela vous permet de rester en phase avec les évolutions du marché, de maintenir une allocation d'actifs appropriée et de vous adapter à votre situation personnelle en constante évolution. En prenant ces mesures, vous augmentez vos chances de réaliser vos objectifs financiers à long terme.

CHAPITRE 4: DIVERSIFIER SES REVENUS

4.1 Pourquoi diversifier?

4.1.1 Les risques d'une seule source de revenus

Dans votre quête vers la liberté financière, l'une des clés essentielles est la diversification de vos sources de revenus. Le concept de diversification, largement utilisé dans le monde des investissements, s'applique également à vos revenus. Nous allons explorer les avantages de la diversification des revenus et les risques encourus en ne possédant qu'une seule source de revenus.

La vulnérabilité d'une seule source de revenus

Lorsque la majeure partie de vos revenus provient d'une seule source, vous vous exposez à plusieurs risques potentiels:

Risque de perte d'emploi: Si vous dépendez uniquement de votre emploi pour gagner de l'argent, la perte de cet emploi peut avoir des conséquences graves sur votre situation financière. Les licenciements, les mises à pied et les changements économiques peuvent mettre en péril votre stabilité financière.

Risque sectoriel: Certains secteurs d'activité sont plus volatils que d'autres. Si votre source de revenus provient d'un secteur particulièrement sensible à l'économie, vous êtes plus exposé aux cycles économiques et aux fluctuations.

Risque de santé: Votre capacité à travailler peut être compromise en cas de problème de santé. Si votre unique source de revenus dépend de votre présence au travail, une maladie ou une blessure peut avoir un impact dévastateur.

Plafond de revenu: En comptant sur une seule source de revenus, vous êtes limité par le plafond de revenu de cette source. Même avec des augmentations périodiques, il peut être difficile de réaliser des gains significatifs sans diversification.

Les avantages de la diversification des revenus

Diversifier vos sources de revenus comporte plusieurs avantages importants:

Réduction des risques: En ayant plusieurs sources de revenus, les pertes dans l'une peuvent être compensées par les gains dans d'autres. Cela crée une bouée de sauvetage financière en cas de difficultés dans une de vos sources.

Potentiel de revenus plus élevés: Vous pouvez augmenter votre revenu global en cultivant diverses sources. Chacune d'entre elles a le potentiel de croître, ce qui peut contribuer à l'augmentation de vos revenus globaux.

Flexibilité: La diversification des revenus offre une plus grande flexibilité. Vous pouvez mieux gérer votre temps et avoir plus de contrôle sur votre carrière lorsque vous ne dépendez pas entièrement d'une seule source.

Comment diversifier vos revenus

Voici quelques idées pour diversifier vos sources de revenus:

Revenus passifs: Cherchez des moyens de gagner de l'argent sans avoir à échanger votre temps contre de l'argent. Cela peut inclure des investissements, des revenus locatifs, des redevances d'auteur, des dividendes d'actions, etc.

Activités secondaires: Explorez des activités secondaires ou des projets parallèles qui peuvent générer un revenu supplémentaire. Cela pourrait être la création d'une entreprise en ligne, la vente de produits artisanaux, la consultation, l'enseignement en ligne, etc.

Investissements: Investissez dans des actifs qui génèrent des revenus, tels que l'immobilier locatif, les dividendes d'actions, les fonds immobiliers ou les obligations.

Formation et développement de compétences: Investissez dans l'apprentissage de nouvelles compétences qui peuvent augmenter votre valeur sur le marché du travail et vous permettre de demander des salaires plus élevés ou de trouver des opportunités lucratives.

Création de multiples sources d'emploi: Si vous avez des compétences dans plusieurs domaines, envisagez de travailler à temps partiel dans différentes entreprises ou secteurs pour diversifier vos sources de revenus.

Diversifier vos sources de revenus est un moyen efficace de réduire les risques financiers et d'augmenter votre potentiel de gains. En comprenant les risques associés à dépendre d'une seule source de revenus et en explorant différentes opportunités, vous pouvez vous rapprocher de votre objectif de liberté financière. La diversification crée une base solide pour une stabilité financière à long terme.

4.1.2 Les avantages de multiples flux de revenus

Dans votre quête pour atteindre la liberté financière, l'une des clés essentielles est de développer et de gérer de multiples flux de revenus. Cette stratégie peut vous apporter de nombreux avantages financiers et vous rapprocher de votre objectif de liberté financière. Dans cette section, nous examinerons en détail les avantages de la création de multiples flux de revenus.

1. Stabilité financière accrue: L'un des avantages les plus évidents de la diversification de vos revenus est la stabilité financière accrue. Lorsque vous dépendez d'une seule source de revenus, votre situation financière est vulnérable aux perturbations, telles que la perte d'emploi ou les fluctuations économiques. En ayant plusieurs sources de revenus, les pertes dans l'une peuvent être compensées par les gains dans d'autres, ce qui stabilise vos finances globales.

2. Réduction des risques: La diversification des revenus permet de réduire les risques financiers. Si une de vos sources de revenus est affectée par une crise économique ou un changement de marché, les autres sources peuvent continuer à générer des revenus. Cela vous protège contre la perte totale de revenus en cas de difficultés.

3. Croissance potentielle du revenue: En ayant plusieurs flux de revenus, vous avez le potentiel d'augmenter votre revenu global. Chaque source de revenus peut être développée et améliorée au fil du temps. Vous pouvez chercher des opportunités d'augmentation de revenus dans chacune de vos sources, ce qui peut entraîner une croissance significative de votre revenu total.

4. Flexibilité financière: La diversification des revenus offre une plus grande flexibilité financière. Vous n'êtes plus totalement dépendant d'un emploi à temps plein, ce qui signifie que vous avez plus de contrôle sur votre temps et votre carrière. Vous pouvez choisir de travailler moins d'heures dans une source de revenus donnée ou même de prendre des périodes sabbatiques sans sacrifier l'ensemble de vos finances.

5. Réalisation de vos objectifs financiers plus rapidement: Avec plusieurs flux de revenus, vous pouvez atteindre vos objectifs financiers plus rapidement. Que vous souhaitiez rembourser des dettes, épargner pour la retraite, acheter une maison ou investir, la capacité à générer plus de revenus vous rapproche plus rapidement de vos aspirations financières.

6. Diversification fiscal: La diversification des revenus peut également avoir des avantages fiscaux. Différentes sources de revenus peuvent être soumises à différentes règles fiscales et avantages. En optimisant votre situation fiscale grâce à la diversification, vous pouvez réduire votre charge fiscale globale.

7. Apprentissage continu: Chaque source de revenus peut être une opportunité d'apprentissage. Vous pouvez acquérir de nouvelles compétences, découvrir de nouveaux marchés ou secteurs, et continuer à vous développer professionnellement en gérant différents flux de revenus. Cette acquisition de connaissances peut être précieuse pour votre carrière à long terme.

Exemples de multiples flux de revenus: Il existe de nombreuses façons de créer des flux de revenus multiples. Voici quelques exemples:

Revenus passifs: Investissements, dividendes d'actions, biens immobiliers locatifs, droits d'auteur, revenus publicitaires sur les plateformes en ligne, etc.

Activités secondaires: Travail indépendant, consultation, enseignement en ligne, création de contenu, vente de produits artisanaux, etc.

Investissements: Actions, obligations, biens immobiliers, fonds communs de placement, etc.

Entrepreneuriat: Posséder et gérer plusieurs entreprises ou projets en parallèle.

Éducation et développement de compétences: Investissement dans des formations pour augmenter vos compétences et votre valeur sur le marché.

La création de multiples flux de revenus est un élément clé de votre voyage vers la liberté financière. Les avantages sont nombreux, notamment la stabilité financière, la réduction des risques, la croissance du revenu, la flexibilité et la réalisation accélérée de vos objectifs financiers. En diversifiant vos revenus, vous créez une base solide pour une meilleure sécurité financière et une plus grande liberté dans votre vie.

4.1.3 Exemples de réussites grâce à la diversification

La diversification des revenus est une stratégie financière puissante qui a conduit à de nombreuses réussites inspirantes. Dans cette section, nous examinerons quelques exemples concrets de personnes ayant diversifié leurs revenus avec succès et les avantages qu'elles en ont tirés.

1. Elon Musk - Diversification à travers plusieurs entreprises: Elon Musk, le célèbre entrepreneur, est un exemple frappant de diversification des revenus. Il est le fondateur de plusieurs entreprises prospères, notamment Tesla, SpaceX, Neuralink et The Boring Company. Chacune de ces entreprises fonctionne dans des secteurs différents, de la technologie automobile à l'exploration spatiale en passant par les neurosciences. La diversification de ses activités lui a permis de minimiser les risques financiers et d'explorer plusieurs domaines d'innovation.

2. Oprah Winfrey - Diversification des médias et de l'entreprise: Oprah Winfrey est une icône des médias et de l'entreprise qui a diversifié ses revenus de manière impressionnante. Elle est connue pour sa carrière réussie en tant que présentatrice de talk-show, mais elle a également investi dans l'industrie des médias, possédant sa propre chaîne de télévision (OWN). Oprah a diversifié ses activités en investissant dans l'industrie alimentaire, en écrivant des livres à succès et en créant sa propre ligne de produits de santé. Cette diversification lui a permis d'accumuler une immense richesse et de créer une marque personnelle puissante.

3. Warren Buffett - Diversification à travers les investissements: Warren Buffett, l'un des investisseurs les plus réussis de tous les temps, est un exemple de diversification à travers les investissements. Sa société, Berkshire Hathaway, détient des participations dans de nombreuses entreprises, couvrant divers secteurs, de l'assurance à l'énergie, en passant par la technologie. Buffett croit en la diversification pour réduire les risques et maximiser les rendements à long terme. Sa stratégie d'investissement prudente et diversifiée lui a permis d'accumuler une immense fortune.

4. Beyoncé - Diversification de la marque personnelle: Beyoncé est une artiste renommée, mais elle a également diversifié ses revenus en construisant une marque personnelle puissante. En plus de sa carrière musicale réussie, elle est devenue une entrepreneure prospère en lançant sa propre ligne de vêtements, Ivy Park, et en investissant dans l'industrie de la beauté avec des marques telles que Ivy Park x Adidas et Ivy Park x Peloton. Beyoncé a compris l'importance de diversifier sa carrière pour créer une stabilité financière et une indépendance.

5. Jeff Bezos - Diversification à travers Amazon: Jeff Bezos, le fondateur d'Amazon, a bâti l'une des entreprises les plus diversifiées au monde. Ce qui a commencé comme une librairie en ligne est devenu un géant de la vente au détail, du cloud computing, de la diffusion en continu, de l'intelligence artificielle et plus encore. La capacité d'Amazon à diversifier ses activités a été l'une des clés de son succès et a permis à Bezos d'accumuler une immense richesse personnelle.

6. Michelle Obama - Diversification des revenus post-carrière politique: Après avoir quitté la Maison Blanche, Michelle Obama a diversifié ses revenus de manière significative. Elle a écrit son livre à succès, **"Devenir"**, et a signé un accord avec Netflix pour produire des émissions et des documentaires. Elle est devenue une conférencière très demandée et a créé la Michelle Obama Podcast. Sa capacité à diversifier ses activités après sa carrière politique lui a permis de maintenir une influence positive et de générer des revenus substantiels.

Les exemples ci-dessus démontrent la puissance de la diversification des revenus. Que ce soit à travers la création d'entreprises variées, la diversification des investissements ou le développement d'une marque personnelle, la diversification offre la possibilité de réduire les risques, d'accroître la stabilité financière et de réaliser des réussites remarquables. En tirant des leçons de ces exemples, vous pouvez vous inspirer pour diversifier vos propres revenus et avancer vers la liberté financière.

4.2 Comment créer des sources de revenus passifs

4.2.1 Investissements immobiliers

Les investissements immobiliers sont l'une des formes les plus populaires et les plus éprouvées de revenus passifs. Ils offrent la possibilité de générer des flux de trésorerie réguliers tout en constituant un patrimoine à long terme. Dans cette section, nous explorerons en détail les avantages des investissements immobiliers, comment commencer et des conseils pour réussir dans ce domaine.

Les avantages des investissements immobiliers

Les investissements immobiliers présentent plusieurs avantages clés qui en font une option attrayante pour créer des revenus passifs :

1. Revenus de location: L'achat de biens immobiliers à des fins de location peut générer un flux de trésorerie constant. Les loyers mensuels encaissés peuvent servir à rembourser un prêt hypothécaire, à couvrir les coûts d'entretien et à dégager un bénéfice.

2. Appréciation de la valeur: En général, les biens immobiliers ont tendance à prendre de la valeur avec le temps. Cette appréciation de la valeur peut être un moyen de constituer un patrimoine à long terme.

3. Avantages fiscaux: Les investissements immobiliers offrent souvent des avantages fiscaux, tels que des déductions pour les intérêts hypothécaires, les coûts d'entretien et les amortissements. Ces avantages peuvent réduire la charge fiscale globale.

4. Diversification: L'immobilier peut constituer une diversification utile de votre portefeuille d'investissement, réduisant ainsi le risque global.

Comment commencer avec les investissements immobiliers

Si vous envisagez de vous lancer dans les investissements immobiliers pour générer des revenus passifs, voici quelques étapes essentielles pour commencer:

1. Définissez vos objectifs: Clarifiez vos objectifs financiers et ce que vous attendez de vos investissements immobiliers. Cela vous aidera à choisir le type de propriété et l'emplacement appropriés.

2. Établissez un budget: Déterminez combien vous êtes prêt à investir dans l'immobilier. Cela inclut le prix d'achat de la propriété, les coûts de maintenance et les frais d'acquisition.

3. Obtenez un financement adéquat: Si vous n'avez pas les fonds nécessaires pour acheter une propriété en espèces, vous devrez obtenir un prêt hypothécaire. Recherchez les meilleures options de financement et assurez-vous que vos finances sont en ordre.

4. Recherchez des propriétés: Faites des recherches sur les marchés immobiliers locaux pour trouver des propriétés qui correspondent à vos critères. L'emplacement, la taille et l'état de la propriété sont des facteurs importants à prendre en compte.

5. Gérez ou faites gérer la propriété: Vous devrez décider si vous souhaitez gérer vous-même la propriété ou faire appel à une société de gestion immobilière. La gestion peut être chronophage, mais elle est essentielle pour assurer le bon fonctionnement de votre investissement.

Conseils pour réussir dans les investissements immobiliers

Pour réussir dans les investissements immobiliers et créer des revenus passifs, voici quelques conseils importants à suivre:

DEVENIR LIBRE FINANCIÈREMENT

1. Soyez sélectif: Choisissez des propriétés qui sont susceptibles de générer des rendements solides. Évitez les achats impulsifs et faites des recherches approfondies.

2. Établissez des réserves financières: Prévoyez des fonds pour couvrir les dépenses imprévues, comme les réparations majeures ou les périodes de vacances locatives.

3. Apprenez les règles fiscales: Comprenez les avantages fiscaux qui accompagnent les investissements immobiliers et travaillez avec un comptable ou un conseiller fiscal pour maximiser vos économies fiscales.

4. Diversifiez votre portefeuille immobilier: Posséder plusieurs propriétés dans différents emplacements peut réduire le risque lié à la vacance locative ou à la dépréciation de la valeur.

5. Restez informé: Suivez les tendances du marché immobilier local et national pour prendre des décisions éclairées.

Les investissements immobiliers sont une stratégie puissante pour créer des sources de revenus passifs. Avec une planification appropriée, une gestion efficace et une compréhension des marchés immobiliers, vous pouvez diversifier vos revenus et travailler vers une plus grande liberté financière. L'immobilier, bien qu'offrant des perspectives de revenus passifs intéressantes, requiert une prise de décision éclairée et une discipline financière rigoureuse pour garantir le succès de l'investissement.

Lorsque vous investissez dans l'immobilier, rappelez-vous que la patience est une vertu. Les bénéfices de l'appréciation de la valeur et du flux de trésorerie régulier peuvent prendre du temps à se concrétiser. Soyez prêt à gérer les défis qui peuvent survenir, mais gardez également à l'esprit les avantages significatifs que cette forme d'investissement peut apporter à long terme.

Les investissements immobiliers sont l'une des stratégies les plus éprouvées pour créer des sources de revenus passifs et augmenter votre indépendance financière. Continuez à vous éduquer sur ce domaine, recherchez des opportunités judicieuses et maintenez une vision à long terme de vos objectifs financiers.

4.2.2 Créer un produit ou un service en ligne

Dans un monde de plus en plus numérique, la création d'un produit ou d'un service en ligne peut être une stratégie puissante pour générer des revenus passifs. Que vous soyez un créateur de contenu, un expert dans un domaine particulier ou un entrepreneur, il existe de nombreuses opportunités pour tirer profit de la vente en ligne. Dans cette section, nous explorerons les étapes clés pour créer un produit ou un service en ligne et les meilleures pratiques pour réussir dans cet espace.

Les avantages de la création en ligne

La création de produits ou de services en ligne présente de nombreux avantages qui en font une option attrayante pour générer des revenus passifs:

1. Évolutivité: Les produits et les services en ligne peuvent être mis à la disposition d'un public mondial, ce qui augmente considérablement leur potentiel de revenus.

2. Coûts initiaux réduits: Comparé à la création d'entreprises traditionnelles, le démarrage d'une entreprise en ligne nécessite souvent moins de capital initial.

3. Flexibilité: Vous avez la possibilité de créer votre propre horaire et de travailler de n'importe où avec une connexion Internet.

4. Automatisation: Une fois le produit ou le service en ligne mis en place, il peut être automatisé pour générer des revenus 24 heures sur 24, 7 jours sur 7, avec peu d'intervention continue.

Étapes pour créer un produit ou un service en ligne

1. Identifiez votre créneau: La première étape consiste à identifier votre créneau ou votre domaine d'expertise. Quelles sont vos compétences ou vos passions que vous pouvez transformer en un produit ou un service en ligne ?

2. Recherchez votre public cible: Déterminez qui est votre public cible. Quels sont leurs besoins, leurs problèmes et leurs préférences ? La compréhension de votre public vous aidera à créer quelque chose qui répond à leurs besoins.

3. Créez votre produit ou service: Selon votre créneau, cela peut être un livre électronique, un cours en ligne, un logiciel, une application, une plateforme de médias sociaux, ou d'autres produits ou services numériques.

4. Développez une stratégie de marketing: Pour réussir en ligne, vous devrez créer une stratégie de marketing pour promouvoir votre produit ou service. Cela peut inclure la création d'un site Web, l'utilisation des médias sociaux, la publicité en ligne et d'autres tactiques de marketing.

5. Monétisez votre offre: Décidez comment vous allez monétiser votre produit ou service. Cela peut être par le biais de ventes directes, d'abonnements, de publicités, de partenariats ou d'autres modèles de revenus.

Meilleures pratiques pour réussir en ligne

1. Qualité et valeur: Assurez-vous que votre produit ou service en ligne offre une réelle valeur à vos clients. La qualité et la pertinence sont essentielles pour fidéliser votre public.

2. Investissez dans l'éducation continue: Le monde en ligne évolue rapidement, il est donc important de rester à jour avec les dernières tendances et technologies.

3. Créez une présence en ligne solide: Développez une présence en ligne solide en utilisant les médias sociaux, les blogs et d'autres plates-formes pertinentes pour attirer un public et le fidéliser.

4. Automatisez lorsque cela est possible: Utilisez des outils et des logiciels pour automatiser les processus de vente, de marketing et de service client lorsque cela est possible, afin de libérer du temps pour d'autres activités.

5. Soyez patient: La création de revenus passifs en ligne peut prendre du temps. Soyez prêt à investir du temps et des efforts continus pour obtenir des résultats significatifs.

La création d'un produit ou d'un service en ligne peut être une stratégie puissante pour diversifier vos sources de revenus et travailler vers votre liberté financière. En identifiant votre créneau, en ciblant votre public, en créant une offre de qualité et en développant une présence en ligne solide, vous pouvez maximiser vos chances de succès.

4.2.3 Investir dans des entreprises ou des startups

L'investissement dans des entreprises ou des startups peut être une stratégie efficace pour créer des sources de revenus passifs et diversifier vos flux de revenus. Cela peut également offrir la possibilité de participer à la croissance de nouvelles entreprises passionnantes. Dans cette section, nous allons examiner les étapes essentielles pour investir dans des entreprises ou des startups de manière avisée.

Pourquoi investir dans des entreprises ou des startups ?

Investir dans des entreprises ou des startups comporte plusieurs avantages:

1. Potentiel de rendements élevés: Les startups ont souvent un potentiel de croissance significatif, ce qui signifie que vos investissements pourraient rapporter davantage par rapport à des investissements plus traditionnels.

2. Diversification: L'investissement dans des entreprises ou des startups permet de diversifier votre portefeuille d'investissement, ce qui peut réduire le risque global.

3. Implication dans l'entrepreneuriat: Cela vous permet de soutenir des entrepreneurs et de participer à des innovations passionnantes.

Étapes pour investir dans des entreprises ou des startups

1. Faites vos recherches: Investir sans avoir mené de recherches approfondies est risqué. Étudiez l'industrie de la startup, les antécédents de l'équipe fondatrice, le modèle commercial et la concurrence. Plus vous comprenez l'entreprise, plus il sera facile de prendre des décisions éclairées.

2. Évaluez le risque: Comprenez que l'investissement dans des startups comporte un risque significatif. Assurez-vous que vous êtes prêt à perdre l'argent que vous investissez.

3. Diversifiez votre portefeuille: Évitez de mettre tous vos œufs dans le même panier. Diversifiez votre portefeuille en investissant dans plusieurs startups ou entreprises pour réduire le risque.

4. Explorez différentes options d'investissement: Vous pouvez investir dans des startups via des actions, des obligations convertibles, des fonds de capital-risque, des plateformes de financement participatif (crowdfunding), ou même directement en tant qu'investisseur providentiel. Choisissez la méthode qui correspond le mieux à vos objectifs et à vos ressources.

5. Suivez de près votre investissement: Une fois que vous avez investi, suivez régulièrement les performances de l'entreprise ou de la startup. Restez informé de l'évolution de l'industrie et de tout changement au sein de l'entreprise.

Meilleures pratiques pour investir dans des entreprises ou des startups

1. Diversification: Investissez dans un portefeuille diversifié d'entreprises pour réduire les risques.

2. Soyez prêt à attendre: Les investissements dans des startups peuvent prendre du temps pour générer des rendements. Soyez prêt à attendre plusieurs années avant de voir des résultats significatifs.

3. Établissez des relations: Construisez des relations avec des entrepreneurs, des investisseurs et des experts de l'industrie pour avoir accès à de nouvelles opportunités d'investissement.

4. Recherchez des mentors: Trouvez des mentors ou des conseillers qui peuvent vous guider dans vos décisions d'investissement.

5. Utilisez votre expertise: Si vous avez une expertise particulière dans un domaine, envisagez d'investir dans des startups liées à ce domaine pour tirer parti de vos connaissances.

Investir dans des entreprises ou des startups peut être une stratégie puissante pour créer des revenus passifs et participer à des projets passionnants. Cela comporte également des risques, il est donc essentiel de faire des recherches approfondies et de diversifier votre portefeuille pour maximiser vos chances de succès.

4.3 Gérer et optimiser ses sources de revenus

4.3.1 Suivre ses revenus et dépenses

La gestion financière est une compétence essentielle pour atteindre la liberté financière. L'un des éléments clés de cette gestion est de suivre de près vos revenus et dépenses. Dans cette section, nous explorerons l'importance de cette pratique et comment vous pouvez la mettre en œuvre pour optimiser vos finances.

Pourquoi suivre ses revenus et dépenses ?

Le suivi de vos revenus et dépenses est essentiel pour plusieurs raisons:

1. Prise de conscience financière: En suivant vos finances, vous développez une meilleure compréhension de votre situation financière actuelle. Vous pouvez identifier où va votre argent, ce qui peut révéler des habitudes de dépenses non nécessaires.

2. Contrôle financier: En ayant une vue claire de vos finances, vous êtes en mesure de prendre le contrôle de votre argent. Vous pouvez créer un budget réaliste, établir des objectifs financiers et travailler activement pour les atteindre.

3. Économies d'argent: Le suivi des dépenses vous permet de repérer les domaines où vous dépensez trop. Cela peut vous aider à réduire les coûts superflus et à économiser davantage.

4. Épargne et investissement: En connaissant vos revenus et dépenses, vous pouvez déterminer combien d'argent vous pouvez épargner et investir chaque mois. Cela contribue à la croissance de votre patrimoine.

Comment suivre ses revenus et dépenses ?

DEVENIR LIBRE FINANCIÈREMENT

1. Tenez un registre: Utilisez un cahier, une feuille de calcul ou une application de suivi financier pour enregistrer chaque transaction. Incluez vos revenus, vos dépenses régulières (loyer, factures, alimentation) et vos dépenses occasionnelles.

2. Catégorisez vos dépenses: Organisez vos dépenses en catégories telles que le logement, la nourriture, les loisirs, etc. Cela vous permettra d'identifier où va la majeure partie de votre argent.

3. Établissez un budget: Créez un budget mensuel en utilisant les informations que vous avez collectées. Fixez des limites de dépenses pour chaque catégorie et veillez à ne pas les dépasser.

4. Analysez vos habitudes de dépenses: Examinez régulièrement vos données pour repérer les tendances. Vous pourriez découvrir des habitudes de dépenses que vous pouvez ajuster pour économiser davantage.

5. Automatisez autant que possible: Automatisez le paiement de vos factures et de vos cotisations d'épargne et d'investissement. Cela garantit que vous ne manquez pas de paiements importants.

6. Révisez et ajustez: Passez en revue vos finances régulièrement. Si vous constatez que vous dépensez trop dans une catégorie, ajustez votre budget en conséquence.

L'importance de la discipline

Le suivi de vos revenus et dépenses nécessite de la discipline. Cela peut sembler fastidieux au début, mais cela devient rapidement une habitude qui vous aidera à prendre le contrôle de votre situation financière. Soyez honnête avec vous-même et soyez prêt à apporter des ajustements si nécessaire.

Suivre vos revenus et dépenses est un élément clé de la gestion financière responsable. Cela vous permet de mieux comprendre votre situation financière, de réduire les dépenses inutiles, d'économiser et d'investir judicieusement. Avec de la discipline et de la persévérance, cette pratique peut vous aider à progresser vers la liberté financière.

4.3.2 Réinvestir pour la croissance

Lorsque vous cherchez à optimiser vos sources de revenus et à atteindre la liberté financière, une stratégie puissante consiste à réinvestir une partie de vos gains pour favoriser la croissance de votre patrimoine. Dans ce chapitre, nous explorerons en détail cette idée essentielle et expliquerons comment la mettre en pratique de manière efficace.

Pourquoi réinvestir pour la croissance ?

La croissance de votre patrimoine est essentielle pour garantir votre liberté financière à long terme. Réinvestir une partie de vos gains présente plusieurs avantages clés:

1. Augmentation du capital: En réinvestissant, vous permettez à votre capital de croître plus rapidement. Les rendements générés par votre investissement initial s'ajoutent à votre capital de départ, créant un effet de boule de neige.

2. Génération de revenus passifs: La croissance de votre patrimoine peut vous permettre de générer davantage de revenus passifs. Si vous investissez dans des actions, les dividendes que vous recevez augmenteront à mesure que votre capital investi augmentera.

3. Protection contre l'inflation: L'inflation peut éroder la valeur de votre argent au fil du temps. En investissant et en obtenant un rendement supérieur à l'inflation, vous protégez votre pouvoir d'achat.

4. Atteinte plus rapide des objectifs financiers: Si vous avez des objectifs financiers à long terme, tels que la retraite anticipée, réinvestir pour la croissance peut vous aider à les atteindre plus rapidement.

Comment réinvestir pour la croissance ?

1. Investissez régulièrement: Établissez une routine d'investissement en consacrant une partie de vos revenus au réinvestissement. Cela peut être sous forme d'achats d'actions supplémentaires, de contributions à un compte de retraite ou d'investissements dans d'autres actifs.

2. Diversifiez vos investissements: Évitez de mettre tous vos œufs dans le même panier. Diversifiez votre portefeuille en investissant dans différents types d'actifs, tels que des actions, des obligations, de l'immobilier, etc.

3. Réinvestissez les rendements: Lorsque vos investissements génèrent des rendements, réinvestissez-les au lieu de les retirer. Cela permet à votre capital de croître plus rapidement.

4. Automatisez le réinvestissement: Configurez des options d'investissement automatique, telles que des contributions régulières à un compte d'investissement ou des réinvestissements automatiques de dividendes, pour simplifier le processus.

5. Recherchez des opportunités de croissance: Identifiez des investissements qui ont le potentiel de croître de manière significative à long terme. Cela peut inclure des entreprises en pleine croissance, des marchés émergents ou des industries innovantes.

6. Consultez un professionnel: Si vous n'êtes pas sûr de la manière de réinvestir de manière optimale, envisagez de consulter un conseiller financier ou un expert en investissement pour obtenir des conseils adaptés à votre situation.

L'importance de la discipline et de la patience

Réinvestir pour la croissance exige de la discipline et de la patience. Les résultats significatifs ne sont généralement pas immédiats, mais ils se manifestent avec le temps. Il est important de maintenir votre stratégie d'investissement, même lorsque les marchés sont volatils.

Réinvestir pour la croissance est une étape cruciale vers la réalisation de la liberté financière. Cela vous permet de faire croître votre patrimoine, de générer des revenus passifs et d'atteindre vos objectifs financiers plus rapidement. En adoptant une approche disciplinée et en recherchant des opportunités de croissance, vous pouvez maximiser les avantages de cette stratégie.

4.3.3 Éviter la complaisance: Toujours chercher de nouvelles opportunités

La poursuite de la diversification des revenus et de la liberté financière exige une vigilance constante et une remise en question régulière. La clé de la réussite financière réside dans la recherche constante de nouvelles opportunités et l'innovation. Dans ce dernier volet du chapitre sur la gestion et l'optimisation des sources de revenus, nous allons explorer pourquoi il est vital de maintenir cette mentalité proactive et comment le faire efficacement.

Pourquoi éviter la complaisance?

La complaisance financière peut être l'un des plus grands obstacles à la liberté financière. Si vous devenez trop confortable avec vos sources de revenus actuelles, vous risquez de manquer des opportunités de croissance et de voir vos gains stagnants. Voici pourquoi il est important de l'éviter:

1. Changement constant: Les marchés et les opportunités financières évoluent constamment. Ce qui était rentable hier peut ne plus l'être demain. En restant attentif aux changements, vous pouvez vous adapter plus rapidement.

2. Croissance continue: Pour atteindre la liberté financière, vous devez maintenir une croissance constante de vos revenus et de votre patrimoine. La complaisance peut entraver cette croissance.

3. Diversification: En recherchant de nouvelles opportunités, vous pouvez diversifier davantage vos revenus, ce qui réduit les risques liés à une source de revenus unique.

4. Atteindre de nouveaux objectifs: Vous pourriez avoir de nouveaux objectifs financiers ou des rêves que vous n'avez pas encore réalisés. Chercher de nouvelles opportunités peut vous aider à les atteindre.

Comment éviter la complaisance ?

Éducation continue: Restez informé des tendances économiques, des opportunités d'investissement et des innovations financières en continuant à vous éduquer.

Réévaluation périodique: Examinez régulièrement vos sources de revenus existantes et évaluez leur performance. Identifiez les domaines où vous pourriez apporter des améliorations.

Réseautage : Restez connecté avec d'autres professionnels du secteur financier, car ils peuvent vous informer des nouvelles opportunités.

Élargissez vos compétences : Apprenez de nouvelles compétences ou améliorez celles que vous possédez déjà, ce qui peut vous ouvrir de nouvelles portes.

Mentorat : Travailler avec un mentor financier peut vous donner des conseils précieux et vous guider vers de nouvelles opportunités.

Prenez des risques calculés : N'ayez pas peur de prendre des risques, mais assurez-vous qu'ils sont calculés et adaptés à votre situation financière.

Passez à l'action : Une fois que vous avez identifié une nouvelle opportunité, n'hésitez pas à passer à l'action. Le simple fait de penser à de nouvelles idées ne vous fera pas progresser.

Exemple de réussite grâce à l'évitement de la complaisance :

Imaginez un investisseur qui avait investi l'ensemble de son capital dans une seule entreprise il y a plusieurs années. Au début, cette entreprise était prospère, mais au fil du temps, elle a connu des difficultés. Si cet investisseur était devenu complaisant et avait refusé de diversifier son portefeuille ou de chercher de nouvelles opportunités, il aurait pu subir d'importantes pertes financières. En réévaluant régulièrement sa situation et en cherchant de nouvelles opportunités d'investissement, il a réussi à éviter des pertes importantes et à maintenir sa croissance financière.

Éviter la complaisance financière est essentiel pour progresser vers la liberté financière. En restant vigilant, en recherchant de nouvelles opportunités et en prenant des mesures, vous pouvez continuer à développer vos sources de revenus et à atteindre vos objectifs financiers. Ne laissez jamais la complaisance entraver votre chemin vers une meilleure situation financière.

CHAPITRE 5: VIVRE EN DESSOUS DE SES MOYENS

5.1 La sagesse derrière cette philosophie

5.1.1 Les dangers de la surconsommation

La prise de conscience des dangers de la surconsommation est un enjeu majeur dans notre société de consommation. Vivre en dessous de ses moyens est une philosophie financière qui consiste à dépenser moins que ce que l'on gagne, ce qui peut sembler simple en théorie mais qui peut être difficile à mettre en pratique en raison des tentations constantes de la surconsommation.

Les Conséquences de la Surconsommation: La surconsommation est le fait de dépenser plus que nécessaire, souvent pour des biens et services qui ne contribuent pas réellement à notre bonheur ou à notre bien-être à long terme. Voici quelques-unes des conséquences néfastes de la surconsommation:

1. Endettement: L'un des effets les plus évidents de la surconsommation est l'endettement. Si vous dépensez régulièrement plus que ce que vous gagnez, vous serez obligé de recourir à des crédits ou à des prêts pour maintenir votre style de vie, ce qui peut entraîner des intérêts élevés et une dette croissante.

2. Stress financier: Vivre au-dessus de ses moyens crée un stress financier constant, car vous devez vous soucier de la manière de rembourser vos dettes et de maintenir votre niveau de vie. Cela peut avoir un impact significatif sur votre santé mentale et physique.

3. Manque d'épargne et d'investissement: Lorsque vous dépensez tout ce que vous gagnez, il ne reste généralement rien pour épargner ou investir en vue d'atteindre vos objectifs financiers à long terme. Cela retarde votre indépendance financière et votre sécurité future.

4. Relations tendues: Les problèmes financiers liés à la surconsommation peuvent également entraîner des tensions dans les relations familiales et conjugales. Les conflits autour de l'argent sont l'une des principales causes de divorce et de conflits familiaux.

5. Impact environnemental: La surconsommation a également un impact négatif sur l'environnement. Plus vous achetez de biens, plus la demande de production augmente, ce qui peut entraîner une exploitation excessive des ressources naturelles et des déchets inutiles.

Comment Éviter la Surconsommation

Établissez un budget: La première étape pour éviter la surconsommation est de créer un budget réaliste. Cela vous permet de suivre vos dépenses et de vous assurer que vous ne dépensez pas plus que vous ne gagnez.

Identifiez vos besoins réels: Avant de faire un achat, posez-vous la question suivante: **"Est-ce vraiment nécessaire?"** Évitez les achats impulsifs et concentrez-vous sur l'achat de biens et de services qui apportent une véritable valeur à votre vie.

Pratiquez le minimalisme: Adoptez un mode de vie minimaliste en vous débarrassant des objets inutiles et en réduisant vos possessions à l'essentiel. Cela peut vous aider à apprécier davantage ce que vous avez et à dépenser de manière plus réfléchie.

Économisez et investissez: Allouez une partie de vos revenus à l'épargne et à l'investissement. Investir dans votre avenir vous permet de construire un patrimoine durable.

Évitez les pressions sociales: Ne vous laissez pas influencer par les pressions sociales pour dépenser de l'argent que vous n'avez pas. Apprenez à dire **"non"** aux dépenses inutiles et à ne pas suivre aveuglément les tendances de la mode ou de la consommation.

Les dangers de la surconsommation sont réels, mais en adoptant une approche de vie en dessous de ses moyens, vous pouvez éviter ces pièges financiers. Apprenez à dépenser de manière réfléchie, à économiser et à investir pour un avenir financier plus sûr et plus épanouissant. Vivre en dessous de ses moyens n'est pas synonyme de privation. Au contraire, c'est une stratégie qui vous permet de vivre une vie plus épanouissante en vous concentrant sur ce qui compte vraiment. En évitant les pièges de la surconsommation, vous pouvez réduire le stress financier, renforcer vos relations, contribuer à la préservation de l'environnement et travailler activement vers votre indépendance financière.

La sagesse derrière cette philosophie réside dans la création d'un équilibre entre le plaisir immédiat et la sécurité financière à long terme. En comprenant les dangers de la surconsommation et en adoptant des habitudes de dépense plus responsables, vous pouvez tracer votre chemin vers une liberté financière durable et réaliser vos rêves.

5.1.2 La paix d'esprit d'une vie simplifiée

Dans une époque où la complexité et la surcharge d'informations sont omniprésentes, la recherche d'une vie simplifiée en vivant en dessous de ses moyens peut offrir une précieuse paix d'esprit. Cette philosophie repose sur l'idée que réduire les dépenses, les possessions et les engagements peut contribuer à une vie plus équilibrée et moins stressante.

Les Bienfaits de la Simplification

La simplification de la vie est une démarche qui vise à éliminer les éléments inutiles ou superflus, que ce soit sur le plan financier, matériel ou émotionnel. Voici quelques-uns des avantages de cette approche:

1. Réduction du stress: Une vie simplifiée signifie moins de préoccupations financières. En dépensant moins que ce que l'on gagne, on évite les problèmes financiers et le stress qui les accompagne.

2. Liberté financière: En économisant et en investissant judicieusement, on peut atteindre plus facilement la liberté financière. Cette indépendance permet de faire des choix de vie en fonction de ses aspirations, et non de ses obligations financières.

3. Clarté mentale: Moins de possessions et d'engagements signifient moins de distractions mentales. Vous pouvez vous concentrer sur ce qui est vraiment important pour vous, tant sur le plan personnel que financier.

4. Réduction du gaspillage: Vivre en dessous de ses moyens encourage à acheter de manière réfléchie, à éviter les achats impulsifs et à réduire le gaspillage de ressources.

5. Développement de valeurs durables: La simplification de la vie peut favoriser l'adoption de valeurs plus durables et éthiques, telles que la réduction de l'empreinte écologique et la responsabilité sociale.

Comment Simplifier sa Vie

Réduisez les dépenses: Identifiez les dépenses inutiles et cherchez des moyens d'économiser de l'argent, que ce soit en supprimant des abonnements superflus, en cuisinant davantage à la maison ou en achetant de manière plus réfléchie.

Désencombrez: Faites le tri de vos possessions matérielles et débarrassez-vous de ce dont vous n'avez plus besoin. Cela peut libérer de l'espace physique et mental.

Allouez du temps pour vous: Prenez du temps pour vous détendre, méditer, faire de l'exercice ou pratiquer des activités qui vous apportent de la joie. La simplicité de vie inclut également la gestion de son temps de manière équilibrée.

Évaluez vos engagements: Passez en revue vos engagements sociaux, professionnels et personnels. Identifiez ceux qui sont essentiels et considérez l'élimination de ceux qui ajoutent du stress inutile.

Pratiquez la gratitude: Prenez l'habitude de reconnaître et d'apprécier ce que vous avez dans votre vie. La gratitude peut contribuer à une attitude positive et à un sentiment de contentement.

La paix d'esprit d'une vie simplifiée est une récompense précieuse pour ceux qui choisissent de vivre en dessous de leurs moyens. Cette philosophie favorise l'équilibre, la clarté mentale et la liberté financière. En réduisant les dépenses inutiles, en désencombrant sa vie et en simplifiant ses engagements, on peut se rapprocher d'une vie plus équilibrée et épanouissante. La simplification de la vie n'est pas seulement un choix financier, c'est un choix de vie qui peut conduire à une plus grande sérénité.

5.1.3 Comment cela accélère la liberté financière

Vivre en dessous de ses moyens est une philosophie financière puissante qui peut grandement accélérer le chemin vers la liberté financière. En adoptant cette approche, vous pouvez non seulement économiser davantage d'argent, mais aussi investir judicieusement pour atteindre vos objectifs financiers plus rapidement.

1. Économies accrues: L'un des avantages les plus évidents de vivre en dessous de ses moyens est l'augmentation des économies. En dépensant moins que ce que vous gagnez, vous libérez de l'argent que vous pouvez consacrer à la constitution d'un fonds d'urgence, à l'épargne pour la retraite et à des investissements. Plus vos économies sont importantes, plus elles peuvent croître grâce aux intérêts composés.

Exemple: Supposons que vous économisiez 30 % de votre revenu chaque mois en vivant en dessous de vos moyens. Si votre revenu mensuel est de 3 000 euros, vous économiseriez 900 euros par mois. En un an, vous auriez économisé 10 800 euros. Au fil des ans, cet argent peut croître considérablement grâce aux investissements.

2. Investissements judicieux: Vivre en dessous de ses moyens permet de disposer de plus d'argent à investir. En investissant intelligemment, vous pouvez obtenir des rendements plus élevés sur votre argent. Les investissements tels que les actions, les obligations, l'immobilier et les fonds indiciels peuvent générer des rendements solides à long terme. Plus tôt vous commencez à investir, plus vous avez de temps pour la croissance de votre portefeuille.

Exemple: Si vous investissez les 10 800 euros que vous avez économisés chaque année avec un rendement annuel moyen de 7 %, votre portefeuille atteindrait plus de 350 000 euros en 20 ans.

3. Remboursement anticipé des dettes: Vivre en dessous de ses moyens permet également de rembourser plus rapidement les dettes, ce qui peut accélérer la liberté financière. Les intérêts sur les dettes, comme les cartes de crédit et les prêts étudiants, peuvent s'accumuler rapidement.

En réduisant vos dépenses et en consacrant une part importante de votre revenu au remboursement de vos dettes, vous pouvez vous libérer plus rapidement de ce fardeau financier.

Exemple: Si vous consacrez 20 % de votre revenu mensuel au remboursement de vos dettes, vous pouvez rembourser un prêt de 10 000 euros en moins de cinq ans, économisant ainsi des milliers d'euros en intérêts.

4. Flexibilité financière: Vivre en dessous de ses moyens crée une flexibilité financière. Vous avez plus de marges de manœuvre pour faire face aux imprévus, pour saisir des opportunités d'investissement intéressantes ou pour poursuivre des passions personnelles sans vous soucier des contraintes financières.

Exemple: Si vous avez une opportunité d'investissement immobilier qui nécessite un apport initial, vous pourriez utiliser les économies que vous avez accumulées grâce à votre mode de vie frugal pour saisir cette occasion.

5. Réalisation des objectifs plus rapidement: Vivre en dessous de ses moyens signifie que vous pouvez réaliser vos objectifs financiers plus rapidement que si vous viviez au-dessus de vos moyens. Que vous visiez la retraite anticipée, la création d'une entreprise ou l'achat d'une maison, le fait de disposer de plus d'argent à investir et de moins de dettes vous rapproche de vos rêves financiers.

Vivre en dessous de ses moyens est une philosophie financière puissante qui accélère la liberté financière en maximisant les économies, en favorisant des investissements judicieux, en accélérant le remboursement des dettes, en offrant une flexibilité financière et en permettant d'atteindre plus rapidement ses objectifs financiers. En adoptant cette approche, vous pouvez non seulement sécuriser votre avenir financier, mais aussi profiter davantage du présent en vivant en harmonie avec vos moyens.

5.2 Comment réduire ses dépenses sans sacrifier la qualité de vie

5.2.1 Évaluer ce qui compte vraiment

Réduire ses dépenses sans sacrifier la qualité de vie est une compétence précieuse pour ceux qui cherchent à atteindre la liberté financière. Cela nécessite de prendre du recul, d'évaluer ce qui compte vraiment dans la vie et de faire des choix financiers avisés.

1. Comprendre vos valeurs: La première étape pour évaluer ce qui compte vraiment est de comprendre vos valeurs fondamentales. Qu'est-ce qui est vraiment important pour vous ? Pour certaines personnes, il peut s'agir de la famille, de la santé, de la liberté ou de la créativité. Une fois que vous avez identifié vos valeurs, vous pouvez prendre des décisions financières alignées sur celles-ci.

Exemple: Si la famille est l'une de vos valeurs les plus importantes, vous pourriez préférer dépenser de l'argent pour des expériences de qualité en famille plutôt que pour des biens matériels coûteux.

2. Hiérarchiser vos priorités: Après avoir identifié vos valeurs, hiérarchisez-les en fonction de leur importance. Cela vous permettra de mieux gérer vos dépenses en allouant plus de ressources aux domaines qui comptent le plus pour vous.

Exemple: Si la santé est une valeur fondamentale pour vous, vous pourriez investir davantage dans une alimentation saine, des cours de sport ou des soins médicaux préventifs, même si cela signifie réduire vos dépenses dans d'autres domaines.

3. Éliminer le superflu: L'un des moyens les plus efficaces de réduire vos dépenses est d'éliminer le superflu. Identifiez les dépenses inutiles ou les habitudes de consommation coûteuses qui ne contribuent pas à vos valeurs fondamentales, et réduisez-les ou éliminez-les.

Exemple: Si vous constatez que vous dépensez beaucoup d'argent chaque mois pour des achats impulsifs en ligne, envisagez de mettre en place des mesures pour réduire ces dépenses, comme la désactivation de la fonction d'achat en un clic sur vos comptes en ligne.

4. Rechercher des alternatives abordables: Il est souvent possible de trouver des alternatives moins coûteuses pour les dépenses courantes. Vous pouvez diversifier vos choix en optant pour des marques de distributeur et des loisirs économiques.

Exemple: À la place des restaurants, pourquoi ne pas inviter vos amis à dîner chez vous? C'est souvent plus économique.

5. Budget basé sur vos valeurs: Une fois que vous avez évalué ce qui compte vraiment et réduit les dépenses superflues, créez un budget basé sur vos valeurs et vos priorités. Allouez consciemment vos ressources financières aux domaines qui sont les plus importants pour vous.

Exemple: Si vous valorisez la créativité, allouez une partie de votre budget à des cours de peinture ou d'écriture, plutôt qu'à des dépenses futiles.

Évaluer ce qui compte vraiment dans la vie et prendre des décisions financières en conséquence est un élément essentiel pour vivre en dessous de ses moyens sans sacrifier la qualité de vie. En identifiant vos valeurs, en hiérarchisant vos priorités, en éliminant le superflu, en recherchant des alternatives abordables et en créant un budget basé sur vos valeurs, vous pouvez réduire vos dépenses tout en vous concentrant sur ce qui compte vraiment pour vous.

5.2.2 Astuces pour économiser sur les dépenses courantes

Réduire ses dépenses courantes tout en maintenant une bonne qualité de vie est un objectif réaliste pour quiconque souhaite prendre le contrôle de ses finances et atteindre la liberté financière. Voici quelques astuces pratiques pour vous aider à économiser au quotidien sans compromettre votre bien-être.

1. Établissez un budget détaillé: La première étape pour économiser sur les dépenses courantes est de comprendre où va votre argent. Créez un budget détaillé qui répertorie toutes vos dépenses mensuelles, y compris les incontournables comme le logement, la nourriture, les factures, et les dépenses discrétionnaires comme les sorties et les loisirs. Cela vous permettra d'identifier les domaines où vous pouvez réduire vos dépenses.

2. Réduisez les coûts liés au logement: Le logement est généralement l'une des plus grandes dépenses mensuelles. Vous pouvez économiser sur ces coûts en envisageant les options suivantes:

Négociez le loyer: Si vous êtes locataire, envisagez de négocier votre loyer lorsque vous renouvelez votre bail.
Colocation: Si cela vous convient, envisagez de partager un logement avec d'autres personnes pour réduire les frais de loyer et de services publics.
Refinancement de prêt hypothécaire: Si vous êtes propriétaire, examinez la possibilité de refinancer votre prêt hypothécaire pour obtenir un taux d'intérêt plus bas.

3. Économisez sur les factures: Il existe de nombreuses façons d'économiser sur vos factures mensuelles. Voici quelques idées:

Énergie: Éteignez les lumières et les appareils électriques lorsque vous ne les utilisez pas, et envisagez d'investir dans des ampoules à LED économes en énergie.
Télécommunications: Comparez les offres de différents fournisseurs Internet et de téléphonie mobile pour trouver les forfaits les plus avantageux.
Assurance: Demandez des devis à plusieurs compagnies d'assurance pour votre voiture, votre maison ou votre santé, et choisissez la meilleure offre.

4. Économisez sur l'épicerie: L'épicerie est une dépense courante importante, mais il existe des moyens de réduire ces coûts sans compromettre la qualité de votre alimentation:

Planifiez vos repas: Établissez un menu hebdomadaire et faites une liste de courses pour éviter les achats impulsifs.
Achetez en vrac: Si possible, achetez des articles en vrac, car cela peut être moins cher à long terme.
Utilisez des coupons et des remises en argent: Cherchez des coupons en ligne ou utilisez des applications de remises en argent pour obtenir des réductions sur vos achats.

5. Transport: Réduire les coûts liés au transport peut également avoir un impact significatif sur vos dépenses mensuelles:

Transports en commun: Si vous habitez dans une région desservie par les transports en commun, envisagez de les utiliser régulièrement plutôt que de conduire.

Covoiturage: Partagez les frais de transport en covoiturant avec des collègues ou des amis.

Entretien du véhicule: Maintenez votre voiture en bon état de fonctionnement en effectuant un entretien régulier pour éviter les coûts de réparation élevés.

6. Réduisez les dépenses discrétionnaires: Examinez vos dépenses discrétionnaires, telles que les sorties, les loisirs et les achats impulsifs. Vous n'avez pas besoin de les éliminer complètement, mais réduisez-les en fixant un budget mensuel pour ces activités.

En appliquant ces astuces pour économiser sur les dépenses courantes, vous pouvez réduire vos dépenses mensuelles sans sacrifier la qualité de vie. Un budget bien géré et une planification financière prudente vous aideront à progresser vers la liberté financière.

5.2.3 Adopter une mentalité minimaliste

L'adoption d'une mentalité minimaliste peut être une approche puissante pour réduire vos dépenses sans sacrifier la qualité de votre vie. Le minimalisme ne consiste pas seulement à posséder moins de biens matériels, mais aussi à privilégier l'expérience, les relations et la satisfaction personnelle sur la consommation excessive. Dans ce chapitre, nous allons explorer comment embrasser le minimalisme peut vous aider à atteindre la liberté financière.

Le minimalisme: au-delà de la possession matérielle

Le minimalisme est souvent associé à la réduction de la possession matérielle, mais il va au-delà de cela. Il s'agit d'une philosophie de vie qui vise à simplifier, à se concentrer sur l'essentiel et à éliminer le superflu. Cette approche peut être appliquée à tous les aspects de votre vie, y compris vos finances.

1. Évaluation de vos priorités: Pour adopter une mentalité minimaliste, commencez par évaluer vos priorités. Demandez-vous ce qui est vraiment important pour vous. Cela peut être des relations familiales, des expériences de voyage, la poursuite de vos passions, ou simplement vivre sans stress financier. En identifiant vos priorités, vous pouvez orienter vos dépenses vers ce qui compte le plus pour vous.

2. Réduction des dépenses inutiles: Une fois que vous avez identifié vos priorités, examinez vos dépenses actuelles. Il est probable que vous trouviez des domaines où vous dépensez de l'argent pour des choses qui ne correspondent pas à vos valeurs ou à vos objectifs. Si la possession d'une grande collection de vêtements ne contribue pas à votre bonheur, envisagez de réduire vos dépenses dans ce domaine.

3. Élimination de la dette: La dette peut être un fardeau financier majeur qui entrave votre capacité à vivre en dessous de vos moyens. Adopter une mentalité minimaliste vous incitera à éliminer les dettes inutiles et à éviter de contracter de nouvelles dettes pour des achats impulsifs. La liberté financière est souvent impossible tant que vous êtes endetté.

4. Focus sur l'expérience: Le minimalisme met l'accent sur l'expérience plutôt que sur la possession. Les expériences sont une source de bonheur plus durable que les biens matériels. Accordez-leur la priorité. Les souvenirs de voyages, les moments passés avec vos proches et les aventures qui enrichissent votre vie sont souvent plus précieux que les objets matériels.

5. Réduction du gaspillage: Une approche minimaliste encourage la réduction du gaspillage. Cela peut se traduire par une consommation plus responsable et écologique, ce qui, à long terme, peut également vous faire économiser de l'argent. Réduire la consommation d'énergie, minimiser les déchets et acheter des produits de qualité qui durent plus longtemps sont tous des aspects du minimalisme financier.

6. Pratique de la gratitude: La gratitude est une composante importante du minimalisme. Prenez le temps de réfléchir à ce que vous avez déjà plutôt que de toujours rechercher de nouvelles acquisitions. Cette mentalité vous aidera à apprécier davantage ce que vous possédez, ce qui peut réduire votre désir de dépenser pour combler un vide émotionnel.

7. Planification financière à long terme: Une mentalité minimaliste encourage la planification financière à long terme. Privilégiez une vision à long terme pour votre situation financière. Économisez pour votre retraite, investissez judicieusement et assurez-vous que vos choix financiers sont alignés sur vos objectifs à long terme.

Adopter une mentalité minimaliste est un moyen puissant de réduire vos dépenses tout en améliorant votre qualité de vie. Cela vous permet de vous concentrer sur ce qui compte vraiment pour vous, d'éliminer le superflu et de libérer des ressources financières pour atteindre la liberté financière. Le minimalisme financier consiste à vivre consciemment, à prendre des décisions financières réfléchies et à se rapprocher de vos objectifs financiers à long terme.

En embrassant cette mentalité minimaliste, vous pouvez créer un équilibre entre la satisfaction de vos besoins, la poursuite de vos passions et l'atteinte de vos objectifs financiers. Vous découvrirez que la vraie richesse réside dans la liberté financière et la paix intérieure plutôt que dans la possession de biens matériels.

Le minimalisme financier n'est pas une restriction, mais une libération. C'est un chemin vers une vie plus simple et plus significative, où chaque dépense est délibérée et alignée sur vos valeurs. Il s'agit de vivre en accord avec vos moyens, tout en profitant pleinement de la richesse que la vie a à offrir, au-delà des biens matériels.

En fin de compte, l'adoption d'une mentalité minimaliste vous rapproche de la liberté financière, car elle vous permet de consacrer vos ressources à ce qui compte le plus pour vous, tout en évitant les pièges de la surconsommation et de la dette. En mettant l'accent sur la simplicité, la gratitude et la satisfaction intérieure, vous pouvez créer un avenir financier plus sûr et plus épanouissant pour vous-même et votre famille.

5.3 Surmonter les défis sociaux et culturels

5.3.1 La pression de la société pour dépenser

Lorsque vous essayez de vivre en dessous de vos moyens pour atteindre la liberté financière, l'une des difficultés les plus courantes auxquelles vous serez confronté est la pression de la société pour dépenser. Notre culture moderne est souvent axée sur la consommation, l'affichage de la richesse et la recherche du statut social par le biais de biens matériels. Cette pression peut rendre difficile la tâche de rester fidèle à votre objectif financier. Dans ce chapitre, nous allons examiner les raisons de cette pression et discuter de la manière de la surmonter.

Les raisons de la pression pour dépenser

Culture de la consommation: La société moderne encourage la consommation à travers la publicité, les médias sociaux et les normes sociales. Les messages publicitaires omniprésents nous incitent à acheter constamment de nouveaux produits et à mettre à jour notre style de vie pour refléter une image de succès.

Comparaison sociale: Les gens ont tendance à se comparer aux autres en termes de possessions et de style de vie. Cette comparaison constante peut entraîner un désir insatiable de rivaliser en achetant davantage, même si cela signifie s'endetter.

Pression des pairs: Les amis, la famille et les collègues peuvent exercer une pression subtile pour que vous suiviez leurs habitudes de dépenses. La peur de paraître radin ou peu généreux peut pousser les gens à dépenser au-delà de leurs moyens.

Surmonter la pression pour dépenser

Définir vos propres valeurs: La première étape pour surmonter la pression pour dépenser est de définir vos propres valeurs et objectifs financiers. Comprenez pourquoi vous cherchez la liberté financière et quels sont les avantages pour vous. Cela vous donnera une base solide pour résister à la pression extérieure.

Pratiquer la gratitude: Apprenez à apprécier ce que vous avez déjà plutôt que de vous concentrer sur ce que vous n'avez pas. La gratitude peut vous aider à vous sentir plus satisfait de votre situation actuelle, réduisant ainsi le besoin de dépenser pour combler un vide émotionnel.

Établir un budget et des limites claires: Créez un budget réaliste et définissez des limites claires pour vos dépenses. Lorsque vous avez un plan financier en place, il est plus facile de résister aux dépenses impulsives.

Éviter les déclencheurs de dépenses: Identifiez les situations ou les environnements qui vous incitent à dépenser de l'argent inutilement. Évitez ces déclencheurs autant que possible pour réduire la tentation.

S'entourer de soutien: Entourez-vous de personnes qui comprennent et soutiennent vos objectifs financiers. Partagez vos aspirations avec des amis et de la famille de confiance afin qu'ils puissent vous encourager plutôt que de vous pousser à dépenser.

Pratiquer le minimalisme: Adopter une mentalité minimaliste peut vous aider à remettre en question la nécessité de chaque achat. Demandez-vous si un achat contribuera réellement à votre bonheur et à votre bien-être à long terme.

Éducation financière: Plus vous en savez sur la gestion financière, plus vous serez capable de résister à la pression pour dépenser. Apprenez à investir judicieusement, à économiser efficacement et à gérer vos finances de manière responsable.

La pression de la société pour dépenser peut être difficile à surmonter, mais avec une compréhension claire de vos valeurs, des objectifs financiers solides et des stratégies pour résister aux influences extérieures, vous pouvez rester sur la voie de la liberté financière. Rappelez-vous que votre bonheur et votre succès ne sont pas déterminés par la quantité de biens matériels que vous possédez, mais par la réalisation de vos objectifs financiers et la satisfaction de vivre une vie qui vous ressemble.

5.3.2 Trouver le bon équilibre entre économiser et profiter

Trouver le bon équilibre entre économiser et profiter de la vie est l'un des défis les plus délicats lorsqu'il s'agit de vivre en dessous de ses moyens pour atteindre la liberté financière. Trop d'économie peut vous priver de moments précieux et d'expériences enrichissantes, tandis que trop de dépenses peuvent vous éloigner de vos objectifs financiers. Dans ce chapitre, nous explorerons comment naviguer avec succès entre ces deux extrêmes.

L'importance de l'équilibre: Lorsque vous cherchez à économiser de l'argent pour atteindre la liberté financière, il peut être tentant de couper dans toutes les dépenses non essentielles. Cela peut avoir des conséquences négatives sur votre qualité de vie et votre bonheur. D'un autre côté, dépenser sans limites peut vous maintenir prisonnier d'un cycle de dettes et vous éloigner de vos objectifs financiers à long terme.

Conseils pour trouver l'équilibre

Définir des priorités financières: Commencez par établir clairement vos priorités financières. Identifiez les objectifs à court, moyen et long terme que vous souhaitez atteindre. Cela vous aidera à déterminer où concentrer vos ressources financières.

Créer un budget flexible: Établissez un budget qui inclut à la fois des économies et des dépenses pour profiter de la vie. Veillez à allouer une partie de votre budget à des activités et des expériences qui vous tiennent à cœur.

Planifier les dépenses importantes: Anticipez les dépenses importantes telles que les vacances, les occasions spéciales et les achats importants. En planifiant ces dépenses à l'avance, vous pouvez les intégrer à votre budget sans compromettre vos objectifs d'épargne.

Vivre selon vos moyens: Adoptez un mode de vie qui correspond à vos revenus actuels plutôt qu'à des revenus hypothétiques futurs. Cela vous permettra d'économiser tout en maintenant un équilibre sain entre économies et dépenses.

S'entourer de valeurs similaires: Fréquentez des amis et des groupes sociaux qui partagent des valeurs financières similaires. Cela vous aidera à éviter la pression des pairs pour dépenser excessivement.

Savourer les petits plaisirs: Apprenez à apprécier les petites choses de la vie. Vous n'avez pas besoin de dépenser beaucoup pour profiter d'un moment de bonheur, comme une promenade dans la nature, une soirée jeux de société avec des amis ou une tasse de café préparée à la maison.

Évaluer régulièrement votre budget: Revoyez régulièrement votre budget pour vous assurer que vous suivez vos objectifs financiers tout en profitant de la vie. Apportez des ajustements si nécessaire.

Exemples de compromis

Pour illustrer comment trouver l'équilibre entre économiser et profiter, considérons quelques exemples de compromis possibles:

Vacances abordables: En optant pour des destinations moins coûteuses ou en explorant votre région, vous pourrez voyager plus souvent tout en découvrant de nouveaux paysages.

Cuisine maison et dîners au restaurant: Préparez la plupart de vos repas à la maison pour économiser sur les frais de restauration, mais réservez-vous occasionnellement un dîner au restaurant pour savourer une expérience culinaire spéciale.

Activités de loisirs: Plutôt que de vous inscrire à de coûteux abonnements de loisirs, recherchez des activités gratuites ou à faible coût dans votre communauté. Cela vous permettra de vous divertir sans trop dépenser.

Achats réfléchis: Avant d'acheter un article coûteux, prenez le temps de réfléchir à son utilité réelle et à sa contribution à votre bonheur. Si l'achat en vaut vraiment la peine, intégrez-le à votre budget.

Trouver le bon équilibre entre économiser et profiter est une compétence clé pour atteindre la liberté financière tout en menant une vie épanouissante. En suivant ces conseils et en restant conscient de vos priorités financières, vous pouvez naviguer avec succès dans ce défi.

5.3.3 S'entourer de personnes ayant des valeurs similaires

Pour atteindre la liberté financière, il est bénéfique de se créer un réseau de soutien composé de personnes ayant les mêmes aspirations. Votre cercle social peut avoir un impact significatif sur vos habitudes de dépense et votre capacité à rester fidèle à vos objectifs financiers. Ce chapitre vous explique comment construire un réseau de personnes partageant vos valeurs financières.

L'influence de votre cercle social: Votre cercle social a une influence considérable sur vos choix financiers et votre comportement. Si vous passez du temps avec des personnes qui ont des habitudes de dépenses excessives, vous pourriez vous sentir tenté de les suivre, même si cela va à l'encontre de vos objectifs financiers. D'un autre côté, être entouré de personnes qui prônent la prudence financière peut renforcer votre détermination à économiser et à investir.

Pourquoi s'entourer de personnes aux valeurs similaires est essentiel

Soutien et compréhension: Lorsque vous êtes entouré de personnes partageant des valeurs similaires, vous bénéficiez d'un soutien émotionnel et de compréhension. Vous pouvez discuter ouvertement de vos objectifs financiers sans craindre d'être jugé, ce qui favorise la motivation et la responsabilité mutuelle.

Échange d'idées et d'astuces: Votre cercle social peut être une source précieuse d'idées et d'astuces pour économiser de l'argent, investir judicieusement et optimiser vos finances. Les conversations sur ces sujets peuvent vous aider à découvrir de nouvelles stratégies pour atteindre la liberté financière plus rapidement.

Évitement de la pression sociale: Les amis et la famille partageant vos valeurs financières sont moins susceptibles de vous pousser à dépenser excessivement pour suivre le rythme de leurs dépenses. Vous êtes plus en mesure de résister à la pression sociale et de maintenir vos habitudes d'économie.

Alignement des objectifs: Lorsque votre cercle social partage vos valeurs financières, il est plus probable que vos objectifs financiers soient alignés. Cela signifie que vous pouvez vous soutenir mutuellement dans la réalisation de vos aspirations financières, qu'il s'agisse d'investir dans l'immobilier, de démarrer une entreprise ou de rembourser des dettes.

Comment s'entourer de personnes aux valeurs similaires

Recherchez des groupes et des communautés: Explorez des groupes locaux ou en ligne axés sur la finance personnelle, l'investissement ou la frugalité. Ces communautés peuvent être un excellent moyen de rencontrer des personnes partageant vos valeurs financières.

Reconnectez avec des amis partageant vos valeurs: Identifiez des amis ou des connaissances qui partagent vos valeurs financières et renforcez ces liens. Organisez des rencontres pour discuter de vos objectifs et de vos progrès financiers.

Élargissez votre réseau professionnel: Au travail, recherchez des collègues ou des mentors qui ont des perspectives financières similaires. Les discussions sur la planification financière peuvent être bénéfiques sur le lieu de travail.

Soyez ouvert aux nouvelles amitiés: Lorsque vous rencontrez de nouvelles personnes, soyez attentif à leurs valeurs financières. Vous pourriez établir des amitiés durables avec des personnes partageant vos aspirations financières.

Partagez vos connaissances: Partagez vos propres connaissances et astuces en matière de finance personnelle. Cela peut inspirer d'autres personnes à adopter des pratiques financières plus saines.

S'entourer de personnes ayant des valeurs financières similaires est un élément clé pour atteindre la liberté financière. Votre cercle social peut vous apporter un soutien essentiel, des idées précieuses et un environnement propice à la réalisation de vos objectifs financiers. Investir du temps et de l'effort pour créer et entretenir ces relations peut avoir un impact positif sur votre parcours vers la liberté financière.

CHAPITRE 6: SE FIXER DES OBJECTIFS ET RESTER MOTIVÉ

6.1 L'importance de la vision

6.1.1 Visualiser votre avenir financier

Sans une vision précise, il est difficile d'atteindre la liberté financière. La visualisation de votre avenir financier est un outil puissant pour vous aider à définir vos objectifs, à rester motivé et à guider vos actions. Dans ce chapitre, nous explorerons en profondeur la manière dont la visualisation de votre avenir financier peut vous aider à façonner votre destin financier.

L'art de la visualisation

La visualisation est la pratique consistant à former des images mentales claires et détaillées de vos objectifs et de votre avenir souhaité. C'est un processus puissant qui implique de s'immerger mentalement dans la réalisation de vos rêves. Lorsque vous visualisez votre avenir financier, vous créez une image mentale vivante de la vie que vous voulez mener sur le plan financier.

Les avantages de la visualisation financière

Clarté des objectifs: La visualisation vous permet de clarifier vos objectifs financiers. Pour concrétiser votre objectif de liberté financière, visualisez le style de vie qu'il vous apportera. Est-ce que cela signifie voyager autour du monde, posséder une maison de rêve ou démarrer votre propre entreprise ? Plus vous êtes précis dans votre visualisation, plus vos objectifs sont clairs.

Renforcement de la motivation: La visualisation renforce votre motivation. Lorsque vous voyez mentalement les avantages de la liberté financière, vous êtes plus motivé à prendre des mesures pour y parvenir. La visualisation peut créer un sentiment d'urgence et d'excitation pour atteindre vos objectifs.

Réduction du stress et de l'anxiété: La visualisation peut également réduire le stress financier et l'anxiété. En vous concentrant sur un avenir financier positif, vous pouvez apaiser les préoccupations liées à l'argent et vous concentrer sur les actions nécessaires pour y parvenir.

Comment pratiquer la visualisation financière

Créez un espace tranquille: Pour commencer, trouvez un endroit calme où vous pouvez vous détendre sans distraction. Cela peut être un coin de votre maison ou un endroit en plein air qui vous inspire.

Fermez les yeux et respirez profondément: Prenez quelques respirations profondes pour vous détendre. Fermez les yeux pour vous immerger davantage dans votre visualisation.

Imaginez votre avenir financier: Commencez à imaginer votre avenir financier idéal. Imaginez-vous vivant la vie de vos rêves, sans souci financier. Visualisez les détails, que ce soit votre maison idéale, vos voyages ou votre entreprise prospère.

Soyez précis et engageant: Soyez aussi précis que possible dans votre visualisation. Engagez tous vos sens pour rendre l'image plus réelle. Que ressentez-vous ? Que voyez-vous ? Que pouvez-vous entendre autour de vous ? Plus vous vous engagez dans la visualisation, plus elle sera efficace.

Pratiquez régulièrement: La visualisation est une compétence que vous pouvez développer avec la pratique régulière. Consacrez du temps chaque jour à visualiser votre avenir financier.

Prenez des mesures concrètes: La visualisation seule ne suffit pas. Utilisez cette motivation pour prendre des mesures concrètes vers vos objectifs financiers. Établissez un plan financier et mettez-le en œuvre.

La visualisation de votre avenir financier est un outil puissant pour définir et atteindre vos objectifs financiers. En créant des images mentales claires et détaillées de la vie que vous voulez mener sur le plan financier, vous renforcez votre motivation, réduisez le stress financier et prenez des mesures concrètes pour façonner votre destin financier. La visualisation n'est pas simplement un rêve, c'est le premier pas vers la réalisation de vos rêves financiers.

6.1.2 Comment une vision claire guide vos actions

Dans le processus de recherche de la liberté financière, une vision claire est un élément essentiel pour orienter et motiver vos actions. Dans ce segment, nous allons explorer comment une vision financière précise peut vous guider dans la poursuite de vos objectifs et inspirer des actions significatives.

1. La vision comme une boussole

Imaginez que votre vision financière soit une boussole. Elle vous indique la direction que vous devez suivre pour atteindre vos objectifs. Lorsque vous avez une vision claire de ce que vous voulez accomplir financièrement, elle devient votre point de référence pour prendre des décisions et guider vos actions.

Supposons que votre vision soit de devenir propriétaire d'une petite entreprise prospère. Cette vision vous servira de boussole chaque fois que vous devrez prendre des décisions financières. Vous vous demanderez si un achat ou un investissement vous rapproche ou vous éloigne de votre objectif de propriété d'entreprise. Cela vous aide à éviter les dépenses inutiles et à allouer vos ressources de manière plus efficace.

2. Une source de motivation constante

Une vision claire est également une source constante de motivation. Lorsque vous imaginez les avantages et les réalisations que votre vision financière apportera, cela crée un puissant moteur interne pour agir. Cela vous donne la détermination de persévérer lorsque vous êtes confronté à des défis financiers ou à des revers.

Pensez à votre vision comme à une image mentale vivante de votre avenir financier réussi. Plus cette image est claire et inspirante, plus elle vous poussera à agir. Chaque euro économisé est un pas de plus vers votre tour du monde tant rêvé. Cette petite victoire vous motivera à poursuivre vos efforts.

3. Prise de décision éclairée

Une vision financière précise vous permet de prendre des décisions financières éclairées. Plutôt que de suivre aveuglément les tendances ou de succomber à des impulsions de dépenses, vous évaluez chaque choix en fonction de sa pertinence par rapport à votre vision.

Supposons que vous envisagez d'investir dans une opportunité financière. Une vision claire de vos objectifs financiers vous permettra d'analyser l'investissement sous différents angles. Vous vous demanderez si cela vous rapproche de votre vision ou s'il présente des risques inutiles. Cette réflexion vous aide à prendre des décisions judicieuses qui soutiennent vos objectifs.

4. Création d'objectifs intermédiaires

Une vision financière claire peut être décomposée en objectifs financiers intermédiaires. Par exemple, si votre vision est de devenir financièrement indépendant, vos objectifs intermédiaires pourraient inclure l'épargne pour un fonds d'urgence, le remboursement de dettes, et l'investissement dans un portefeuille diversifié. Ces objectifs intermédiaires deviennent les jalons qui vous guident à mesure que vous progressez vers votre vision.

5. Flexibilité et adaptation

Il est important de noter que votre vision financière n'est pas figée. Elle peut évoluer avec le temps à mesure que vos priorités changent ou que de nouvelles opportunités se présentent. Même lorsque votre vision subit des ajustements, elle continue de servir de guide pour vos actions financières.

Une vision financière claire est comme une boussole, vous indiquant la direction à suivre pour atteindre vos objectifs financiers. Elle alimente votre motivation, éclaire vos décisions, vous aide à définir des objectifs intermédiaires et vous offre la flexibilité nécessaire pour vous adapter aux changements. En ayant une vision financière précise, vous êtes mieux équipé pour prendre le contrôle de votre destin financier.

6.1.3 Exemples inspirants de personnes ayant atteint leurs objectifs financiers

Il est souvent motivant et éducatif d'examiner des exemples concrets de personnes qui ont réussi à atteindre leurs objectifs financiers. Ces réussites inspirantes nous montrent que la liberté financière est à la portée de chacun, à condition de suivre les bonnes pratiques et de persévérer. Voici quelques exemples qui illustrent comment des individus ont concrétisé leurs rêves financiers :

1. Warren Buffett : L'investisseur légendaire

Warren Buffett est un exemple emblématique de réussite financière. Il est largement considéré comme l'un des plus grands investisseurs de tous les temps. Partant de rien, il a construit sa richesse en investissant dans des entreprises sous-évaluées et en adoptant une approche de long terme. Son engagement envers la valeur intrinsèque des entreprises plutôt que les fluctuations du marché lui a permis d'accumuler une fortune considérable. Son histoire montre l'importance de la patience et de la vision à long terme dans la réalisation de la liberté financière.

2. Dave Ramsey : La reprise financière

Dave Ramsey est un auteur à succès et un expert en finances personnelles qui a vécu lui-même une reprise financière remarquable. Après avoir fait faillite à un jeune âge, il a transformé sa vie en adoptant des habitudes financières saines. Ramsey a utilisé son expérience personnelle pour créer un empire médiatique et éduquer des millions de personnes sur la gestion de l'argent. Son histoire illustre comment il est possible de surmonter des difficultés financières et de rebondir vers la liberté financière.

3. Oprah Winfrey : De l'adversité à la prospérité

Oprah Winfrey est un exemple de succès financier qui va au-delà des chiffres. Elle a surmonté une enfance difficile et des obstacles raciaux pour devenir l'une des personnalités les plus influentes du monde. Sa capacité à diversifier ses sources de revenus en tant que productrice, animatrice de télévision, actrice et entrepreneure a contribué à sa réussite financière. Oprah est un exemple de la puissance de la détermination et de la diversification des revenus.

4. Elon Musk : L'entrepreneur audacieux

Elon Musk est un entrepreneur visionnaire qui a réussi dans plusieurs domaines, notamment l'électronique, l'automobile et l'exploration spatiale. Bien qu'il ait connu des hauts et des bas, sa détermination à poursuivre des objectifs audacieux l'a conduit à accumuler une grande richesse. Son histoire montre comment la création d'entreprises novatrices peut être un moyen puissant de parvenir à la liberté financière.

5. Suze Orman : L'experte financière

Suze Orman est une experte en finances personnelles qui a aidé d'innombrables personnes à prendre le contrôle de leurs finances. Elle-même a commencé sa carrière avec peu de ressources financières, mais grâce à son éducation financière et à ses compétences en communication, elle a construit une carrière réussie. Son histoire met en lumière l'importance de l'éducation financière pour atteindre la liberté financière.

Ces exemples inspirants montrent qu'il existe de nombreuses voies vers la liberté financière. Que ce soit par l'investissement, la reprise financière, la diversification des revenus, l'entrepreneuriat ou l'éducation financière, chacun peut trouver sa propre route vers le succès financier. Ces histoires démontrent également que la persévérance, la vision à long terme et la gestion avisée de l'argent sont des éléments clés de la réussite financière.

La liberté financière est à la portée de ceux qui sont prêts à travailler dur, à apprendre et à persévérer. Ces exemples illustrent que, quel que soit votre point de départ, vous pouvez réaliser vos rêves financiers avec détermination et engagement.

6.2 Techniques pour rester motivé

6.2.1 Célébrer les petites victoires

La poursuite de la liberté financière est un voyage souvent long et semé d'embûches. Reconnaître et célébrer ses réussites renforce la confiance en soi et motive à poursuivre ses efforts. Ces petites victoires sont les jalons qui vous aident à rester motivé, à maintenir votre élan et à continuer à progresser vers vos objectifs financiers.

L'importance des petites victoires

Les petites victoires sont essentielles pour plusieurs raisons:

Renforcer la motivation: Lorsque vous atteignez un objectif financier à court terme, même s'il est modeste, cela vous donne un sentiment d'accomplissement. Cela renforce votre motivation à continuer à travailler vers des objectifs plus importants.

Réduire le stress: La poursuite de la liberté financière peut être stressante. Célébrer les petites victoires vous permet de relâcher un peu la pression et de réduire le stress associé à la réalisation de vos objectifs financiers.

Renforcer la confiance en soi: Chaque petite victoire vous rappelle que vous avez la capacité de prendre le contrôle de vos finances. Cela renforce votre confiance en vos compétences financières.

Maintenir la constance: Les objectifs financiers à long terme peuvent sembler décourageants. Les petites victoires vous aident à maintenir la constance en vous montrant que chaque étape compte, même les plus petites.

Exemples de petites victoires financières

Épargner un montant spécifique: Fixez-vous l'objectif d'économiser un montant précis chaque mois. Lorsque vous atteignez cette cible, prenez un moment pour célébrer votre discipline financière.

Rembourser une dette: Si vous travaillez sur le remboursement de vos dettes, chaque dette remboursée est une petite victoire. Vous pouvez célébrer en faisant quelque chose de spécial pour marquer le coup.

Atteindre un jalon d'investissement: Si vous investissez, définissez des jalons spécifiques, comme atteindre un certain montant total d'investissement. Lorsque vous y parvenez, félicitez-vous pour vos choix d'investissement avisés.

Augmenter vos revenus: Si vous avez réussi à augmenter vos revenus grâce à un nouvel emploi, une promotion ou une source de revenus supplémentaire, prenez le temps de célébrer cette réussite.

Comment célébrer les petites victoires

La manière dont vous célébrez une petite victoire dépend de vos préférences personnelles. Voici quelques idées:

Faites-vous un cadeau: Offrez-vous quelque chose que vous appréciez, que ce soit un bon repas au restaurant, un petit voyage, un livre que vous vouliez lire, ou tout autre plaisir qui vous tient à cœur.

Partagez avec quelqu'un: Partagez votre réussite avec un ami ou un membre de votre famille. Cela peut renforcer le sentiment de fierté et de partage.

Notez vos réalisations: Gardez un journal où vous notez vos petites victoires financières. Relisez-les lorsque vous avez besoin d'un rappel de vos succès passés.

Faites une pause: Accordez-vous une pause bien méritée. Prenez du temps pour vous détendre, vous ressourcer et recharger vos batteries.

Fixez de nouveaux objectifs: Après avoir célébré une petite victoire, envisagez de définir de nouveaux objectifs pour continuer à avancer.

Célébrer les petites victoires est un moyen puissant de maintenir votre motivation tout au long de votre voyage vers la liberté financière. Ces victoires vous rappellent que chaque pas compte et que vous êtes en train de réaliser vos objectifs financiers. Alors, n'oubliez pas de marquer ces moments spéciaux sur votre chemin vers un avenir financier plus radieux.

6.2.2 Se rappeler le "pourquoi" derrière vos objectifs

La motivation vous aidera à maintenir le cap et à prendre les bonnes décisions pour atteindre votre liberté financière. Cette motivation découle souvent de votre compréhension du **"pourquoi"** derrière vos objectifs financiers. Comprendre profondément les raisons qui vous poussent à poursuivre la liberté financière peut être une source d'inspiration puissante pour surmonter les défis et persévérer dans votre parcours financier.

L'importance du "pourquoi"

Votre **"pourquoi"** est le cœur de votre quête de l'indépendance financière. Comprendre cette raison profonde est la clé pour vous maintenir motive:

Renforce la motivation: Lorsque vous avez une raison solide pour atteindre un objectif financier, vous êtes plus susceptible de rester motivé même lorsque les choses deviennent difficiles.

Fournit de la clarté: Comprendre votre **"pourquoi"** vous donne une clarté sur vos priorités financières. Cela vous aide à définir des objectifs réalistes et alignés sur vos valeurs.

Aide à la persévérance: Lorsque vous êtes confronté à des obstacles, votre **"pourquoi"** agit comme un rappel de la raison pour laquelle vous poursuivez vos objectifs financiers, vous encourageant à persévérer.

Évite la procrastination: En comprenant votre **"pourquoi"**, vous êtes moins enclin à remettre à plus tard les étapes nécessaires pour atteindre vos objectifs financiers.

Comment définir votre "pourquoi"

Réfléchissez profondément: Prenez le temps de réfléchir à ce qui compte vraiment pour vous sur le plan financier. Pensez aux valeurs qui vous guident et aux aspirations que vous avez pour votre vie.

Posez-vous des questions: Posez-vous des questions telles que **"Quels sont mes rêves et mes aspirations financières ?"** ou **"Comment la liberté financière améliorerait-elle ma vie ?"**

Identifiez les motivations intrinsèques et extrinsèques: Votre **"pourquoi"** peut inclure des motivations intrinsèques, comme le désir de sécurité financière ou de liberté, ainsi que des motivations extrinsèques, comme soutenir votre famille ou réaliser des rêves personnels.

Écrivez-le: Une fois que vous avez identifié votre **"pourquoi"**, écrivez-le. Le fait de mettre vos raisons par écrit peut les rendre plus tangibles et faciles à rappeler lorsque vous en avez besoin.

Exemples de "pourquoi"

Sécurité familiale: Votre **"pourquoi"** peut être de garantir la sécurité financière de votre famille, en vous assurant qu'ils ne manqueront de rien en cas de difficultés.

Indépendance: Vous pourriez rechercher la liberté financière pour avoir le contrôle de votre temps et de vos choix de vie, sans dépendre d'un emploi ou d'un employeur.

Réalisation de rêves: Votre **"pourquoi"** peut être lié à la réalisation de rêves spécifiques, tels que voyager autour du monde, acheter une maison de rêve ou créer une fondation caritative.

Retraite anticipée: Vous pourriez aspirer à prendre votre retraite plus tôt que la norme pour profiter de la vie au maximum.

Comment utiliser votre "pourquoi"

Une fois que vous avez identifié votre **"pourquoi"**, utilisez-le comme une source d'inspiration quotidienne:

Affichez-le: Écrivez votre **"pourquoi"** sur une affiche ou un post-it et placez-le là où vous le verrez régulièrement.

Rappelez-vous-le en cas de doute: Lorsque vous faites face à des défis ou à des moments de doute, rappelez-vous votre **"pourquoi"** pour retrouver votre motivation.

Intégrez-le dans vos objectifs: Assurez-vous que vos objectifs financiers sont en harmonie avec votre **"pourquoi"**. Cela garantit que chaque étape que vous prenez vous rapproche de vos aspirations profondes.

Partagez-le: Parlez de votre **"pourquoi"** avec des amis, des membres de votre famille ou un conseiller financier. Le partage de vos objectifs renforce votre engagement envers eux.

Se rappeler le **"pourquoi"** derrière vos objectifs financiers est essentiel pour maintenir votre motivation et persévérer dans votre quête de liberté financière. Votre **"pourquoi"** est la source de votre détermination, vous rappelant vos valeurs, vos aspirations et les raisons profondes pour lesquelles vous entreprenez ce voyage financier.

Que ce soit pour assurer la sécurité de votre famille, réaliser vos rêves, gagner votre indépendance ou vivre une retraite anticipée, votre **"pourquoi"** est votre boussole financière. Affichez-le fièrement, rappelez-vous-le lorsque les obstacles se dressent sur votre chemin, et incorporez-le dans vos objectifs financiers.

Votre **"pourquoi"** est le moteur qui vous propulsera vers la liberté financière, alors ne le sous-estimez jamais. C'est la force qui vous aidera à prendre des décisions financières judicieuses, à rester concentré sur vos priorités et à atteindre vos rêves financiers les plus profonds.

6.2.3 Se ressourcer avec des lectures et des formations

Pour réussir, vous devez rester motivé et continuer à apprendre. Une façon puissante d'y parvenir est de vous ressourcer régulièrement grâce à la lecture et à la formation. Dans ce chapitre, nous explorerons comment ces deux activités peuvent vous aider à atteindre vos objectifs financiers.

L'importance de la lecture dans votre parcours financier

La lecture est l'un des moyens les plus accessibles et efficaces d'acquérir des connaissances et de s'inspirer pour atteindre la liberté financière. Voici pourquoi la lecture est si précieuse:

Accès à l'expertise: À travers les livres, vous pouvez accéder aux connaissances et à l'expérience d'experts en finance, en investissement et en entrepreneuriat. Vous pouvez ainsi éviter les erreurs courantes et prendre des décisions éclairées.

Élargissement des horizons: Les livres peuvent élargir votre vision du monde financier. Ils vous exposent à diverses stratégies d'investissement, d'entrepreneuriat et de gestion financière que vous pourriez ne pas connaître autrement.

Inspiration et motivation: Les récits de réussite financière et les livres de développement personnel peuvent vous inspirer et renforcer votre motivation pour atteindre vos propres objectifs.

Apprentissage continu: La finance et l'investissement évoluent constamment. La lecture vous permet de rester à jour sur les dernières tendances et les meilleures pratiques.

Choisir vos lectures avec soin

Il est important de choisir des livres qui correspondent à vos besoins et à votre niveau de connaissances. Voici quelques types de livres qui peuvent être bénéfiques:

Livres sur l'investissement: Si vous souhaitez investir dans des actions, de l'immobilier ou d'autres actifs, cherchez des livres qui expliquent les stratégies d'investissement, la gestion des risques et la diversification.

Livres de développement personnel: Ces livres peuvent vous aider à développer des compétences en gestion du temps, en prise de décision et en motivation, ce qui est essentiel pour atteindre vos objectifs financiers.

Biographies et récits de réussite: Les histoires de personnes qui ont atteint la liberté financière peuvent vous montrer comment elles ont surmonté les obstacles et tiré parti des opportunités.

Livres sur l'entrepreneuriat: Si vous envisagez de créer votre propre entreprise, recherchez des livres sur la création d'entreprise, la gestion d'équipe et le marketing.

La formation continue pour l'apprentissage actif

Outre la lecture, la formation continue est un moyen actif d'acquérir des compétences et des connaissances financières. Voici comment vous pouvez tirer le meilleur parti de la formation:

Cours en ligne: De nombreuses plateformes proposent des cours en ligne sur des sujets financiers. Vous pouvez suivre des cours sur l'investissement, la gestion financière personnelle ou la création d'entreprise, en fonction de vos objectifs.

Séminaires et ateliers: Assistez à des séminaires et à des ateliers locaux ou en ligne pour interagir avec des experts et d'autres personnes partageant les mêmes objectifs.

Réseautage: La formation vous offre également l'occasion de rencontrer des personnes partageant les mêmes intérêts. Vous pouvez échanger des idées, des conseils et des contacts.

Certifications: Si vous visez des carrières spécifiques, envisagez de suivre des formations menant à des certifications, telles que celles en finance, en comptabilité ou en gestion de projet.

L'importance de la mise en pratique

La lecture et la formation sont des outils puissants, mais ils ne portent leurs fruits que si vous les mettez en pratique. Appliquez les connaissances que vous avez acquises à votre situation financière. Créez un plan d'action basé sur ce que vous avez appris et suivez-le.

La lecture et la formation sont des ressources inestimables sur votre chemin vers la liberté financière. Elles vous aident à acquérir des connaissances, à rester motivé et à élargir vos horizons financiers. N'oubliez pas que l'apprentissage passif n'est que le début. La mise en pratique de ce que vous apprenez grâce à la lecture et à la formation est l'étape cruciale qui vous rapproche de la liberté financière. Rappelez-vous que le véritable changement se produit lorsque vous appliquez ces connaissances à votre vie quotidienne. Établissez un plan d'action concret basé sur ce que vous avez appris, suivez-le avec discipline et adaptez-le au fur et à mesure de votre progression.

Le pouvoir réside dans votre capacité à transformer les informations en actions. Utilisez la lecture et la formation comme des outils pour vous éduquer, vous inspirer et vous motiver, mais ne sous-estimez pas l'importance de l'exécution. En combinant l'apprentissage actif avec la mise en pratique, vous maximisez vos chances de réaliser vos objectifs financiers et d'atteindre la liberté financière que vous désirez tant.

6.3 Surmonter les obstacles et les échecs

6.3.1 Apprendre de ses erreurs

Lorsque vous poursuivez la liberté financière, il est inévitable que vous fassiez des erreurs en cours de route. Ce n'est pas le fait de commettre des erreurs qui importe le plus, mais la manière dont vous les abordez et les utilisez comme des opportunités d'apprentissage. Dans ce chapitre, nous allons explorer l'importance d'apprendre de ses erreurs et comment cela peut vous rapprocher de vos objectifs financiers.

Comprendre le rôle des erreurs dans le processus d'apprentissage

Les erreurs sont une partie inévitable de tout voyage vers la liberté financière. Personne n'a atteint le succès financier sans rencontrer d'obstacles ou faire des choix qui n'ont pas abouti comme prévu. Les erreurs ont un rôle crucial à jouer dans votre développement financier pour plusieurs raisons:

Expérience pratique: Les erreurs vous permettent d'acquérir une expérience pratique. Elles vous montrent ce qui fonctionne et ce qui ne fonctionne pas dans le monde réel, bien au-delà de la théorie.

Renforcement de la résilience: Surmonter des erreurs vous aide à renforcer votre résilience. Chaque erreur surmontée vous rend plus fort et mieux préparé à faire face aux défis futurs.

Identification des lacunes: Les erreurs révèlent souvent des lacunes dans vos connaissances ou votre stratégie. En identifiant ces lacunes, vous pouvez les combler et améliorer votre plan financier.

Réajustement des objectifs: Parfois, les erreurs vous montrent que vos objectifs initiaux étaient irréalistes ou mal définis. Cela vous donne l'occasion de les ajuster pour mieux correspondre à votre situation.

Adopter une mentalité d'apprentissage

La clé pour tirer le meilleur parti de vos erreurs financières est d'adopter une mentalité d'apprentissage. Voici comment vous pouvez le faire:

Prendre du recul: Lorsque vous commettez une erreur financière, prenez du recul et examinez-la de manière objective. Identifiez les facteurs qui ont contribué à l'erreur.

Analyser les causes: Essayez de comprendre pourquoi l'erreur s'est produite. Était-ce dû à un manque de connaissances, de planification insuffisante ou à d'autres facteurs ?

Éviter la culpabilité: Évitez de vous blâmer excessivement pour vos erreurs. La culpabilité peut vous empêcher d'apprendre et de progresser.

Planifier des mesures correctives: Après avoir compris les causes de l'erreur, planifiez des mesures correctives. Quelles actions pouvez-vous prendre pour éviter de répéter la même erreur à l'avenir ?

L'histoire de succès derrière les erreurs: De nombreuses personnes qui ont atteint la liberté financière ont connu des revers financiers importants en cours de route. Prenons l'exemple de Warren Buffett, l'un des investisseurs les plus réussis de tous les temps. Dans sa jeunesse, il a commis de grosses erreurs d'investissement, mais il a su en tirer des leçons précieuses. Buffet a développé sa stratégie d'investissement légendaire en tirant des leçons de ses erreurs passées.

Les erreurs financières ne sont pas des échecs, mais des occasions d'apprentissage. En comprenant le rôle que les erreurs jouent dans votre parcours financier, en adoptant une mentalité d'apprentissage et en analysant vos erreurs de manière constructive, vous pouvez transformer chaque erreur en un pas de plus vers la liberté financière. Alors, n'ayez pas peur de faire des erreurs, mais ayez peur de ne rien apprendre d'elles.

6.3.2 Adapter et ajuster ses stratégies

L'un des aspects les plus importants de la poursuite de la liberté financière est la capacité à s'adapter et à ajuster ses stratégies en fonction des circonstances changeantes. Découvrons ensemble comment cette approche peut transformer votre façon de surmonter les obstacles et les échecs.

La flexibilité comme atout: Les situations économiques et personnelles sont dynamiques, et cela doit être pris en compte dans votre chemin vers la liberté financière. Les stratégies qui fonctionnaient hier peuvent ne plus être efficaces aujourd'hui. C'est là qu'intervient la flexibilité. Voici pourquoi elle est essentielle:

Réponse aux changements économiques: Les marchés financiers, l'économie et les opportunités d'investissement sont en constante évolution. En adaptant vos stratégies, vous pouvez tirer parti des changements pour améliorer vos finances.

Gestion des imprévus: La vie est pleine d'imprévus, tels que des perturbations sur le marché du travail, des dépenses imprévues ou des urgences médicales. Avoir la flexibilité nécessaire pour réagir à ces situations est essentiel pour maintenir votre trajectoire financière.

Apprentissage continu: En ajustant vos stratégies, vous pouvez continuellement apprendre et vous améliorer. Vous pouvez découvrir de nouvelles opportunités, développer de nouvelles compétences et prendre des décisions plus éclairées.

L'importance de l'évaluation régulière: Vous devez évaluer régulièrement votre situation financière pour adapter vos stratégies. Voici comment vous pouvez le faire:

Surveillance constante: Gardez un œil sur vos finances en examinant régulièrement vos comptes bancaires, vos investissements et vos dépenses. Identifiez les tendances et les domaines où des ajustements pourraient être nécessaires.

Révision de vos objectifs: Les objectifs financiers ne sont pas gravés dans la pierre. En fonction de l'évolution de votre vie, de vos priorités et des circonstances économiques, vous devrez peut-être ajuster vos objectifs pour qu'ils restent réalisables et pertinents.

Soyez ouvert au changement: Ne soyez pas trop attaché à une stratégie particulière. Si une meilleure option se présente ou si une approche différente semble plus appropriée, soyez prêt à changer de cap.

L'histoire de réussite derrière l'adaptabilité: Regardons l'histoire de Steve Jobs, le co-fondateur d'Apple Inc. Jobs a fait face à de nombreux échecs dans sa carrière, notamment son départ forcé de l'entreprise qu'il avait cofondée. Il a utilisé ces revers pour apprendre et s'adapter. Il est revenu chez Apple avec une vision renouvelée, ce qui a conduit à la création de produits emblématiques tels que l'iPhone et l'iPad. La flexibilité et l'adaptabilité de Jobs ont été des éléments clés de son succès.

La capacité à adapter et ajuster vos stratégies est cruciale pour surmonter les obstacles et les échecs sur la voie de la liberté financière. Restez ouvert au changement, évaluez régulièrement votre situation financière et soyez prêt à ajuster vos objectifs et vos tactiques en conséquence. L'adaptabilité est une qualité qui vous permettra de rester sur la bonne voie, peu importe les défis qui se présentent.

6.3.3 Trouver du soutien lors des moments difficiles

La poursuite de la liberté financière n'est pas sans défis. Il y aura inévitablement des moments difficiles, des obstacles imprévus et des échecs en cours de route. Le soutien est un atout précieux pour vous aider à surmonter les difficultés et à rester motivé. Dans ce dernier point du chapitre, nous explorerons l'importance du soutien et comment le trouver lorsque vous en avez le plus besoin.

Pourquoi le soutien est-il essentiel?

Lorsque vous faites face à des difficultés financières ou que vous rencontrez des obstacles, il est naturel de ressentir de la frustration, de la démotivation ou même de la détresse. C'est à ce moment-là que le soutien d'autres personnes peut faire une énorme différence. Voici pourquoi:

Perspective extérieure: Les personnes extérieures à votre situation peuvent apporter une perspective objective. Elles peuvent vous aider à voir les choses sous un angle différent et à identifier des solutions auxquelles vous n'auriez peut-être pas pensé.

Soutien émotionnel: Le simple fait de savoir que vous n'êtes pas seul dans vos difficultés peut vous apporter un réconfort émotionnel. Le partage de vos préoccupations avec d'autres peut réduire le stress et l'anxiété.

Responsabilité: Le soutien peut vous aider à rester responsable de vos objectifs financiers. Si vous avez des amis, des membres de votre famille ou un groupe de pairs qui vous soutiennent, vous serez plus enclin à respecter vos engagements financiers.

Où trouver du soutien ?

Famille et amis: Votre cercle social le plus proche peut être une source précieuse de soutien. Parlez ouvertement de vos objectifs financiers avec vos proches. Ils peuvent vous offrir des encouragements, des conseils et même vous rejoindre dans votre quête de liberté financière.

Groupes en ligne: Internet regorge de communautés en ligne de personnes partageant les mêmes objectifs financiers. Que vous souhaitiez rembourser vos dettes, investir en bourse ou créer une entreprise en ligne, il existe probablement un groupe ou un forum en ligne où vous pourrez trouver des conseils et du soutien.

Coach financier: Si vous cherchez un soutien plus personnalisé, envisagez de faire appel à un coach financier. Ils peuvent vous aider à élaborer un plan financier solide, à suivre vos progrès et à vous soutenir émotionnellement.

L'histoire de réussite du soutien: Regardons l'histoire de Warren Buffett, l'un des investisseurs les plus réussis de tous les temps. Bien qu'il soit souvent vu comme une figure solitaire dans le monde de la finance, Buffett attribue une grande partie de son succès à son mentor, Benjamin Graham. Graham a guidé Buffett dans ses premières années d'investissement et lui a enseigné les principes fondamentaux de la valeur d'investissement. Le soutien et les conseils de Graham ont été cruciaux pour l'ascension de Buffett en tant qu'investisseur prospère.

La quête de la liberté financière est un voyage exigeant, mais il est important de se rappeler que vous n'avez pas à le faire seul. Trouver du soutien, que ce soit auprès de votre cercle social, de communautés en ligne ou de professionnels, peut vous aider à surmonter les obstacles, à rester motivé et à atteindre vos objectifs financiers. N'ayez pas peur de demander de l'aide lorsque vous en avez besoin, car c'est souvent dans ces moments que le soutien est le plus précieux.

CONCLUSION:

C.1 La transformation par la liberté financière

C.1.1 Le voyage vers la liberté financière

Votre voyage vers la liberté financière est une transformation profonde de votre vie, bien au-delà des aspects purement monétaires. Il s'agit d'un voyage qui peut remodeler votre perspective, vos priorités et votre relation avec l'argent. Dans ce dernier point de la conclusion, nous explorerons en profondeur ce voyage, ses étapes et son impact sur votre vie.

L'essence du voyage vers la liberté financière

Le voyage vers la liberté financière est bien plus qu'une simple accumulation de richesse. C'est un processus d'autodécouverte, de croissance personnelle et de développement. Il consiste à prendre conscience de vos finances, à fixer des objectifs, à adopter de bonnes habitudes financières et à persévérer malgré les obstacles.

Les étapes du voyage

La prise de conscience: Le voyage commence par la prise de conscience de votre situation financière actuelle. Cela signifie comprendre où va votre argent, identifier vos dettes, vos actifs et vos dépenses. C'est un moment de vérité souvent difficile, mais essentiel pour progresser.

La fixation d'objectifs: Une fois que vous avez une vision claire de votre situation financière, vous pouvez définir des objectifs financiers. Ces objectifs doivent être spécifiques, mesurables, atteignables, pertinents et temporels (SMART). Ils vous donnent une direction à suivre.

L'apprentissage financier: Le voyage vers la liberté financière exige de l'apprentissage. Vous devez comprendre les principes fondamentaux de la gestion de l'argent, de l'investissement et de la planification financière. Cela peut nécessiter de la lecture, des formations ou même l'aide d'un coach financier.

L'adoption d'habitudes financières saines: Vous devrez adopter des habitudes financières saines, comme la budgétisation, l'épargne régulière et la réduction des dettes. Ces habitudes vous aideront à rester sur la bonne voie pour atteindre vos objectifs.

La persévérance: Le chemin de la liberté financière est parsemé d'obstacles et de défis imprévus. La persévérance est essentielle. Vous devrez faire preuve de résilience face aux revers et aux moments difficiles.

L'impact sur votre vie

Le voyage vers la liberté financière va bien au-delà de l'argent. Il peut profondément influencer votre vie de plusieurs manières:

La tranquillité d'esprit: À mesure que vous prenez le contrôle de vos finances, vous éprouverez une tranquillité d'esprit accrue. Vous serez moins stressé par les problèmes d'argent et plus confiant dans votre avenir financier.

La liberté de choix: La liberté financière vous donne la possibilité de faire des choix en fonction de vos valeurs et de vos désirs, plutôt que de contraintes financières. Vous pouvez choisir de travailler moins, de voyager davantage, de poursuivre des passions ou de donner à des causes qui vous tiennent à cœur.

La réduction du stress: Les soucis financiers sont l'une des principales sources de stress. En établissant une base financière solide, vous réduirez considérablement ce stress, ce qui peut avoir un impact positif sur votre santé physique et mentale.

L'inspiration pour les autres: Votre succès financier peut inspirer d'autres personnes dans votre vie, qu'il s'agisse de vos amis, de votre famille ou de vos collègues. Vous deviendrez un exemple vivant de ce qui est possible avec une planification financière efficace et une discipline.

Le voyage vers la liberté financière est un périple profondément transformateur. Il demande de la réflexion, de l'engagement et de la persévérance. Il peut remodeler votre vie de manière positive, en vous apportant la tranquillité d'esprit, la liberté de choix, la réduction du stress et l'inspiration pour les autres. Il est temps de vous lancer dans ce voyage et de prendre votre destinée financière en main.

C.1.2 La paix intérieure

La liberté financière ne se limite pas à l'aspect financier. C'est un voyage qui a un impact profond sur notre paix intérieure et notre bien-être émotionnel. Dans cette section de la conclusion, nous explorerons en détail comment atteindre la paix intérieure grâce à la liberté financière.

La Quête de la Paix Intérieure

La paix intérieure est le sentiment de calme, de sérénité et d'harmonie qui réside en nous, indépendamment des circonstances extérieures. Elle n'est pas soumise aux fluctuations du marché financier ni aux exigences du monde extérieur. Au contraire, la paix intérieure découle de notre relation avec l'argent et de notre capacité à vivre en accord avec nos valeurs et nos objectifs.

Libérer les Préoccupations Financières

L'une des sources les plus courantes de stress et d'inquiétude dans la vie de nombreuses personnes est l'argent. Les factures à payer, les dettes accumulées et l'incertitude financière peuvent peser lourdement sur notre esprit. La liberté financière n'élimine peut-être pas tous les soucis financiers, mais elle les réduit considérablement. En ayant des finances saines, en économisant et en investissant judicieusement, vous pouvez vous libérer de l'emprise des préoccupations financières constantes.

Vivre en Accord avec ses Valeurs

La paix intérieure découle souvent du fait de vivre en accord avec ses valeurs les plus profondes. Lorsque vos décisions financières sont alignées sur ce qui est vraiment important pour vous, vous ressentez un sentiment de congruence interne. Vous ne vous compromettez pas pour suivre les tendances ou les attentes sociales, mais vous prenez des décisions en fonction de ce qui résonne avec votre moi authentique.

La Sérénité face à l'Incertitude

L'argent apporte souvent son lot d'incertitude. Les marchés financiers sont volatils, les opportunités d'emploi peuvent être instables, et la vie elle-même est imprévisible. La liberté financière vous permet d'aborder l'incertitude avec une plus grande sérénité. Vous avez des réserves financières pour faire face aux imprévus, et vous savez comment gérer les périodes de turbulence.

Le Détachement des Biens Matériels

La paix intérieure découle également du détachement vis-à-vis des biens matériels. Vous réalisez que le bonheur ne réside pas dans l'accumulation de possessions, mais dans les expériences, les relations et la contribution à la société. La liberté financière vous permet de voir au-delà de l'obsession de la consommation et de trouver la satisfaction dans des choses plus profondes et significatives.

La Gestion des Émotions liées à l'Argent

Les émotions liées à l'argent, comme la peur, la cupidité, le stress et la frustration, peuvent avoir un impact majeur sur notre bien-être émotionnel. La liberté financière ne signifie pas nécessairement que ces émotions disparaîtront, mais elle vous donne les outils pour les gérer de manière plus saine. Vous apprenez à prendre du recul et à ne pas laisser les émotions financières dicter vos décisions.

Le Renforcement de la Confiance en Soi

Atteindre la liberté financière est un accomplissement qui renforce considérablement votre confiance en vous. Vous réalisez que vous avez la capacité de fixer des objectifs ambitieux, de planifier et d'atteindre ces objectifs. Cette confiance en soi s'étend bien au-delà des finances et peut vous aider à réussir dans d'autres domaines de votre vie.

L'Inspiration pour les Autres

En atteignant la paix intérieure grâce à la liberté financière, vous devenez une source d'inspiration pour les autres. Votre histoire de transformation et de réalisation de vos rêves financiers peut encourager ceux qui vous entourent à suivre leur propre chemin vers la paix intérieure et la liberté financière.

La paix intérieure est l'un des trésors les plus précieux que vous puissiez trouver dans votre voyage vers la liberté financière. C'est un état qui découle de la congruence avec vos valeurs, de la gestion des émotions liées à l'argent et du détachement vis-à-vis des biens matériels. La paix intérieure est le joyau qui brille au cœur de la liberté financière. Elle vous offre la tranquillité d'esprit nécessaire pour apprécier pleinement la vie, pour poursuivre vos rêves avec sérénité et pour inspirer ceux qui vous entourent.

La liberté financière est bien plus qu'une accumulation de richesses matérielles. Elle est le chemin vers une vie plus équilibrée, plus alignée avec vos valeurs, et plus riche en significations. La paix intérieure qui en découle est une récompense inestimable qui transcende les chiffres de votre compte en banque. Elle vous permet de trouver la vraie richesse dans la simplicité, la gratitude et la poursuite de ce qui compte vraiment.

Votre voyage vers la liberté financière est un voyage vers vous-même, vers une version épanouissante et authentique de votre être. Puissiez-vous trouver la paix intérieure dans ce voyage et partager sa lumière avec le monde.

C.1.3 L'impact sur les générations futures

Lorsque nous parcourons le chemin de la liberté financière, nous ne créons pas seulement un changement significatif dans notre propre vie, mais nous jetons également les bases d'un avenir meilleur pour les générations futures. Dans cette section finale de la conclusion, nous explorerons en détail comment la liberté financière peut avoir un impact durable sur les générations à venir.

Transmettre des Valeurs Fondamentales

La liberté financière ne se limite pas à l'accumulation de richesses matérielles, mais elle repose également sur des valeurs fondamentales telles que la responsabilité financière, la gestion prudente des ressources et la persévérance. En intégrant ces valeurs dans notre propre vie, nous transmettons un héritage précieux aux générations futures. Nos enfants et petits-enfants apprennent l'importance de la discipline financière et de la planification à long terme.

Créer un Environnement Stable

Lorsque nous parvenons à atteindre la liberté financière, nous créons un environnement plus stable pour nos descendants. Les fluctuations financières et les crises économiques peuvent causer des perturbations significatives dans la vie des familles. En ayant des finances solides et en investissant judicieusement, nous pouvons réduire les effets de ces secousses économiques sur nos enfants et nos petits-enfants, leur offrant ainsi un sentiment de sécurité.

Soutenir l'Éducation et les Opportunités

La liberté financière nous donne la capacité d'investir dans l'éducation et les opportunités pour nos descendants. Nous pouvons financer leurs études, les aider à poursuivre leurs passions et à atteindre leurs objectifs professionnels. Cette assistance financière peut ouvrir des portes et élargir leurs horizons, leur permettant d'atteindre des sommets qu'ils n'auraient peut-être pas pu atteindre autrement.

Inspirer par l'Exemple

L'un des moyens les plus puissants d'impacter positivement les générations futures est d'agir en tant que modèle. En atteignant la liberté financière, vous montrez à vos descendants que les rêves peuvent devenir réalité avec de la persévérance et de la planification. Vous les inspirez à poursuivre leurs propres objectifs, qu'il s'agisse de liberté financière ou de tout autre domaine de la vie.

La Pérennité de l'Héritage

La liberté financière permet également de créer un héritage durable. Vous pouvez planifier la transmission de vos biens de manière à ce qu'ils profitent aux générations futures. Cela peut inclure des investissements, des propriétés immobilières, des fondations philanthropiques ou d'autres moyens de soutenir des causes qui vous tiennent à cœur. En planifiant soigneusement votre héritage financier, vous pouvez veiller à ce que vos descendants continuent de bénéficier de votre succès financier longtemps après votre départ.

Responsabilité envers l'Avenir

Atteindre la liberté financière entraîne également une responsabilité envers l'avenir. Vous êtes conscient de l'impact de vos actions financières sur les générations futures, ce qui vous pousse à prendre des décisions plus éclairées et plus durables. Vous vous efforcez de minimiser votre empreinte financière et de laisser un monde meilleur pour vos descendants.

La liberté financière est bien plus qu'un accomplissement personnel. C'est un legs que vous créez pour les générations futures. En transmettant des valeurs fondamentales, en créant un environnement stable, en soutenant l'éducation et les opportunités, en inspirant par l'exemple et en planifiant soigneusement votre héritage financier, vous avez un impact durable sur le bien-être et le succès de vos descendants. La liberté financière est une responsabilité envers l'avenir, et elle offre l'opportunité de créer un monde meilleur pour les générations à venir.

C.2 Les actions à entreprendre dès maintenant

C.2.1 La proactivité

Maintenant que nous avons exploré les sept clés pour prendre votre destinée en main et atteindre la liberté financière, il est temps de parler de l'action immédiate que vous pouvez entreprendre pour transformer votre vie. L'une des qualités les plus puissantes que vous puissiez développer est la proactivité.

La Proactivité : Le Pouvoir de Prendre l'Initiative

La proactivité est la capacité à prendre l'initiative, à agir plutôt qu'à réagir. C'est le pouvoir de décider de façon proactive de votre propre destinée financière. Pour être proactif, vous devez reconnaître que vous avez le contrôle sur vos actions et vos réponses aux circonstances de la vie.

La Responsabilité de Votre Vie Financière

L'un des premiers pas vers la proactivité est de reconnaître que vous êtes le seul responsable de votre vie financière. Vous ne pouvez pas blâmer les circonstances, la chance ou les autres pour vos choix financiers. Prendre la responsabilité signifie que vous comprenez que chaque décision financière que vous prenez a un impact sur votre avenir.

Fixer des Objectifs et un Plan d'Action

Fixer des objectifs clairs et élaborer un plan d'action sont les fondations d'une démarche proactive vers la liberté financière. Commencez par définir vos objectifs financiers à court terme, à moyen terme et à long terme. Quels sont les jalons que vous souhaitez atteindre sur votre chemin vers la liberté financière? Une fois vos objectifs définis, élaborez un plan d'action détaillé pour les atteindre.

Prendre des Mesures Consistantes

La proactivité ne consiste pas seulement à établir un plan, mais aussi à agir de manière constante. Il est facile de s'enthousiasmer au début, mais la clé est de maintenir cette énergie sur le long terme. Cela signifie que vous devrez peut-être apporter des ajustements à votre mode de vie, à vos habitudes de dépenses et à votre gestion financière. Restez concentré sur vos objectifs et prenez des mesures chaque jour pour les atteindre.

Dépasser la Peur et la Procrastination

La proactivité vous pousse à dépasser la peur et la procrastination. Souvent, la peur de l'échec ou de l'inconnu peut nous empêcher d'agir. En étant proactif, vous choisissez de faire face à ces peurs et de les surmonter. Vous comprenez que l'échec fait partie du processus d'apprentissage et que chaque erreur vous rapproche de la réussite.

Apprendre et S'Améliorer Continuellement

La proactivité inclut également la recherche constante de connaissances et d'amélioration. Soyez prêt à apprendre des autres, à lire, à suivre des formations et à vous développer en tant qu'individu. Plus vous en saurez sur les finances personnelles, plus vous serez en mesure de prendre des décisions éclairées.

La Proactivité dans Tous les Aspects de la Vie

La proactivité s'applique à tous les aspects de votre vie. C'est une qualité qui peut transformer tous les aspects de votre vie. Lorsque vous choisissez d'être proactif, vous devenez le créateur de votre propre destinée, que ce soit dans votre carrière, vos relations ou votre bien-être personnel.

La proactivité est l'une des clés les plus puissantes pour atteindre la liberté financière et créer la vie que vous désirez. En prenant l'initiative, en assumant la responsabilité de vos choix financiers, en fixant des objectifs et en élaborant un plan d'action, vous devenez le maître de votre destinée. Alors, ne repoussez pas à demain ce que vous pouvez faire aujourd'hui. Commencez dès maintenant à être proactif dans la poursuite de votre liberté financière.

C.2.2 L'éducation continue

L'une des actions les plus puissantes que vous puissiez entreprendre dès maintenant pour vous rapprocher de la liberté financière est de vous engager dans un processus d'éducation continue. L'éducation ne devrait jamais s'arrêter, et ce, même lorsque vous avez atteint vos objectifs financiers. Voici pourquoi l'éducation continue est cruciale pour votre parcours vers la liberté financière.

L'apprentissage Tout au Long de la Vie

L'éducation ne devrait pas être limitée à votre scolarité formelle. Elle devrait être un engagement tout au long de votre vie. Les compétences et les connaissances évoluent constamment, en particulier dans le monde en rapide mutation d'aujourd'hui. En investissant dans votre éducation continue, vous restez à jour et compétent dans votre domaine d'activité, ce qui peut vous aider à augmenter vos revenus.

Le Pouvoir de la Connaissance

L'éducation est le moyen d'acquérir de nouvelles compétences, de comprendre les principes financiers et de prendre des décisions éclairées. Plus vous en saurez sur les finances personnelles, l'investissement, l'entrepreneuriat et d'autres domaines pertinents, plus vous serez en mesure de gérer vos ressources financières de manière efficace. Vous serez moins susceptible de tomber dans des pièges financiers ou de faire des choix impulsifs.

Développer Vos Compétences Financières

L'une des formes les plus importantes d'éducation continue pour atteindre la liberté financière est le développement de vos compétences financières. Cela inclut la compréhension des concepts tels que l'épargne, l'investissement, la gestion de la dette, les impôts et la planification financière à long terme. Vous pouvez suivre des cours en ligne, lire des livres spécialisés, participer à des ateliers ou travailler avec des conseillers financiers pour améliorer vos compétences financières.

Investir dans Votre Carrière

L'éducation continue peut également inclure le développement de vos compétences professionnelles et le perfectionnement de votre carrière. Que vous soyez un employé ou un entrepreneur, investir dans votre propre croissance professionnelle peut vous aider à augmenter vos revenus et à accélérer votre chemin vers la liberté financière. Cela peut signifier suivre des cours de perfectionnement professionnel, obtenir des certifications ou même poursuivre un diplôme supplémentaire si cela est pertinent pour votre carrière.

L'Entrepreneuriat et l'Innovation

Si vous êtes un entrepreneur ou que vous aspirez à l'être, l'éducation continue est essentielle. Le monde des affaires est en constante évolution, et la capacité de s'adapter aux nouvelles tendances et aux technologies émergentes est cruciale. L'apprentissage continu peut vous aider à identifier de nouvelles opportunités d'affaires, à améliorer vos compétences en gestion et à développer des stratégies innovantes pour votre entreprise.

L'éducation Comme Investissement

Pensez à l'éducation continue comme un investissement dans votre propre avenir financier. Bien que cela puisse nécessiter un investissement initial en temps et en argent, les connaissances et les compétences que vous acquérez vous rapporteront des dividendes tout au long de votre vie. Vous serez mieux préparé à relever les défis financiers, à saisir les opportunités et à prendre des décisions éclairées.

L'éducation continue est l'une des actions les plus puissantes que vous puissiez entreprendre dès maintenant pour vous rapprocher de la liberté financière. En investissant dans votre propre apprentissage, vous développez vos compétences, votre compréhension des finances personnelles et votre potentiel de revenu. Alors, engagez-vous dans un voyage d'apprentissage continu et considérez-le comme un investissement dans votre propre succès financier.

C.2.3 La communauté

La recherche de la liberté financière est une quête personnelle, mais elle ne doit pas être entreprise en solitaire. Une communauté de soutien peut jouer un rôle essentiel dans votre voyage vers la réalisation de vos objectifs financiers. Dans cette section, nous examinerons pourquoi la communauté est importante et comment vous pouvez en tirer parti pour maximiser votre succès financier.

La Force de la Communauté

Un entourage ou une communauté partageant les mêmes objectifs financiers peut grandement faciliter votre parcours vers l'indépendance financière. La communauté vous offre un certain nombre d'avantages, notamment:

Soutien Émotionnel: La quête de la liberté financière peut être parsemée d'obstacles et de défis. Une communauté de soutien peut vous apporter le réconfort émotionnel dont vous avez besoin lorsque les choses deviennent difficiles. Vous pouvez partager vos succès, discuter de vos difficultés et obtenir des conseils précieux.

Échange d'Idées: En communiquant avec d'autres personnes qui poursuivent des objectifs similaires, vous pouvez échanger des idées et des stratégies. Cela peut vous aider à découvrir de nouvelles approches pour atteindre la liberté financière et à éviter les erreurs courantes.

Responsabilité: Être entouré de pairs engagés dans le même voyage peut vous rendre plus responsable de vos actions financières. Vous serez plus motivé à atteindre vos objectifs lorsque d'autres vous tiendront responsable de vos engagements.

Réseautage: Une communauté financière peut vous offrir des opportunités de réseautage et de collaboration. Vous pourriez rencontrer des partenaires commerciaux potentiels, des mentors ou des personnes partageant vos idées qui peuvent contribuer à votre succès financier.

Où Trouver une Communauté Financière

Il existe de nombreuses façons de trouver une communauté financière qui correspond à vos besoins et à vos objectifs:

Groupes en Ligne: Les médias sociaux et les forums en ligne regorgent de groupes de personnes partageant des objectifs financiers similaires. Rejoindre ces groupes peut être un excellent moyen de trouver une communauté de soutien.

Ateliers et Séminaires: Cherchez des ateliers, des séminaires ou des conférences sur la gestion financière personnelle dans votre région. C'est l'occasion de rencontrer des personnes partageant vos intérêts.

Associations Financières: Certaines associations professionnelles et groupes de volontaires se concentrent sur l'éducation financière et la croissance personnelle. Ils peuvent constituer une excellente ressource pour établir des contacts dans le domaine financier.

Groupes d'Investissement: Si vous êtes intéressé par l'investissement, rejoindre un club d'investissement local peut vous permettre d'apprendre aux côtés d'autres investisseurs et de partager vos expériences.

Contribuer à la Communauté

Une autre manière d'enrichir votre vie financière par le biais de la communauté est de devenir un contributeur actif. Partagez vos connaissances et votre expérience avec d'autres. Cela renforce non seulement la communauté, mais cela peut également renforcer votre propre compréhension des concepts financiers.

La communauté peut jouer un rôle puissant dans votre quête de liberté financière. Elle offre un soutien émotionnel, des opportunités d'apprentissage, de responsabilisation et de réseautage. Cherchez des communautés financières qui correspondent à vos besoins et engagez-vous activement pour en tirer le meilleur parti. Ensemble, vous pouvez progresser vers vos objectifs financiers plus rapidement et avec plus de confiance.

C.3 Votre avenir financier est entre vos mains

C.3.1 La responsabilité personnelle

L'une des leçons les plus importantes que vous pouvez tirer de votre voyage vers la liberté financière est que votre avenir financier est entièrement entre vos mains. La responsabilité personnelle est la clé de la transformation de vos finances et de votre vie. Dans cette section, nous explorerons pourquoi la responsabilité personnelle est cruciale et comment vous pouvez l'incorporer dans votre quête de liberté financière.

Le Pouvoir de la Responsabilité Personnelle

La responsabilité personnelle signifie prendre conscience que vous êtes le principal architecte de votre avenir financier. C'est la reconnaissance que vos choix, vos actions et vos décisions façonnent votre situation financière. Comprendre le pouvoir de la responsabilité personnelle offre de nombreux avantages, notamment:

Empowerment: Lorsque vous acceptez la responsabilité de vos finances, vous vous sentez plus puissant. Vous réalisez que vous avez le pouvoir de créer la vie financière que vous souhaitez, ce qui renforce votre confiance en vous.

Contrôle: La responsabilité personnelle vous donne un plus grand contrôle sur vos finances. Vous cessez de blâmer les circonstances extérieures ou les autres pour vos problèmes financiers et commencez à prendre des mesures pour les résoudre.

Apprentissage Continu: Vous devenez constamment un apprenant actif, recherchant des informations, des compétences et des stratégies pour améliorer vos finances. Vous comprenez que l'apprentissage financier est un voyage continu.

Motivation: La responsabilité personnelle vous motive à atteindre vos objectifs financiers. Vous êtes plus enclin à rester engagé et à surmonter les obstacles car vous avez une vision claire de ce que vous voulez réaliser.

La Responsabilité Personnelle en Action

Pour intégrer la responsabilité personnelle dans votre vie financière, voici quelques étapes à suivre:

Auto-Évaluation: Commencez par évaluer votre situation financière actuelle de manière honnête. Identifiez vos forces et vos faiblesses financières, ainsi que les domaines où vous pouvez vous améliorer.

Fixer des Objectifs: Établissez des objectifs financiers clairs et réalistes. Identifiez ce que vous voulez accomplir à court et à long terme, que ce soit la création d'un fonds d'urgence, l'élimination de dettes ou l'investissement pour la retraite.

Planification Financière: Élaborez un plan financier solide pour atteindre vos objectifs. Cela peut inclure la création d'un budget, l'investissement dans l'éducation financière, la gestion de la dette et la mise en place de stratégies d'investissement.

Suivi et Réajustement: Suivez régulièrement votre progression financière. Soyez prêt à ajuster votre plan en fonction des changements dans votre vie ou dans l'économie.

Responsabilité Externe: Impliquez un ami, un mentor ou un conseiller financier de confiance pour vous aider à rester responsable de vos objectifs financiers. Partager vos objectifs avec quelqu'un peut renforcer votre engagement.

La Responsabilité Personnelle et la Liberté Financière

La responsabilité personnelle est la pierre angulaire de la liberté financière. En prenant la responsabilité de vos finances, vous êtes mieux préparé à faire face aux défis, à exploiter les opportunités et à atteindre vos objectifs financiers. Vous cessez de voir les circonstances extérieures comme des obstacles insurmontables et commencez à les considérer comme des défis à relever.

Votre avenir financier est entre vos mains. En développant une forte responsabilité personnelle, vous prenez le contrôle de votre destin financier et vous devenez le maître de votre propre succès. Chaque choix que vous faites, chaque action que vous entreprenez, vous rapproche de la liberté financière que vous méritez.

La responsabilité personnelle est la pierre angulaire de votre voyage vers la liberté financière. Elle vous donne le pouvoir de façonner votre avenir financier selon vos propres termes. En intégrant la responsabilité personnelle dans votre vie financière, vous devenez le maître de votre destin financier et vous êtes mieux préparé à surmonter les obstacles et à atteindre vos objectifs financiers.

C.3.2 La vision à long terme

La liberté financière ne consiste pas seulement à atteindre un certain niveau de richesse, mais également à maintenir et à cultiver cette richesse sur le long terme. La vision à long terme est un élément essentiel pour garantir que votre avenir financier reste stable, prospère et sécurisé. Dans cette section, nous explorerons l'importance de la vision à long terme et comment elle peut contribuer à la réalisation de vos objectifs financiers.

Comprendre la Vision à Long Terme

La vision à long terme en matière financière consiste à avoir une image claire de ce que vous souhaitez accomplir sur une période prolongée, généralement plusieurs années, voire des décennies. Elle va au-delà des objectifs financiers à court terme et englobe votre vision globale de votre avenir financier.

Pourquoi la Vision à Long Terme est-elle Cruciale ?

Stabilité Financière: La vision à long terme vous aide à maintenir la stabilité financière au fil du temps. Elle vous pousse à prendre des décisions financières judicieuses qui préservent et font croître votre patrimoine plutôt que de le dilapider.

Atteinte des Objectifs: Les objectifs financiers à long terme, comme l'achat d'une maison, la retraite anticipée ou la création d'une fondation philanthropique, nécessitent une planification et une exécution cohérente sur plusieurs années. Votre vision à long terme vous guide dans la réalisation de ces objectifs ambitieux.

Réduction des Risques: En ayant une vision à long terme, vous êtes moins susceptible de prendre des risques financiers excessifs. Vous évitez les décisions impulsives qui pourraient compromettre votre sécurité financière à long terme.

Planification de la Retraite: La retraite est l'un des domaines les plus importants de la vision à long terme. Elle vous permet de planifier et d'accumuler les ressources nécessaires pour profiter de vos années de retraite sans soucis financiers.

Transmettre un Héritage: Si vous envisagez de léguer un héritage à vos descendants ou de soutenir des causes qui vous tiennent à cœur, une vision à long terme vous aide à élaborer un plan pour atteindre cet objectif.

Comment Cultiver une Vision à Long Terme

Fixer des Objectifs à Long Terme: Identifiez vos aspirations financières à long terme, que ce soit l'indépendance financière, la propriété immobilière ou la création d'une entreprise prospère. Ces objectifs vous donneront une raison de planifier à long terme.

Établir un Plan Financier: Créez un plan financier solide qui intègre vos objectifs à long terme. Ce plan devrait inclure l'épargne, l'investissement, la gestion de la dette et la planification de la retraite.

Réexamen Régulier: Revoyez périodiquement votre vision à long terme pour vous assurer que vos objectifs restent pertinents et réajustez votre plan si nécessaire. La vie évolue, et votre vision devrait évoluer avec elle.

Éducation Continue: Continuez à apprendre et à vous former sur les questions financières. Plus vous êtes informé, plus vos décisions financières à long terme seront judicieuses.

Gestion des Risques: Protégez-vous contre les risques financiers en ayant une couverture d'assurance adéquate et en diversifiant vos investissements pour réduire la volatilité.

La Vision à Long Terme et la Liberté Financière

La vision à long terme est la pierre angulaire de la liberté financière. Elle vous permet de maintenir et de cultiver votre indépendance financière sur le long terme, garantissant ainsi la sécurité et le bien-être financier pour vous-même et vos proches. En ayant une vision claire de votre avenir financier, vous êtes mieux préparé à surmonter les défis et à saisir les opportunités qui se présentent en cours de route.

Votre avenir financier est entre vos mains, et une vision à long terme est l'outil qui vous permet de le façonner selon vos propres termes. Investissez du temps et de l'effort dans la création et le maintien de cette vision, et vous serez en mesure de réaliser vos rêves financiers les plus ambitieux.

La vision à long terme est la clé de la pérennité de votre liberté financière. Elle vous aide à maintenir la stabilité, à atteindre vos objectifs à long terme et à minimiser les risques financiers. En cultivant une vision à long terme, vous assurez la prospérité financière continue pour vous-même et pour les générations futures.

C.3.3 Quelles sont Les 7 clés pour prendre votre destinée en main?

Au fil de ce livre, nous avons exploré en profondeur les principes et les stratégies qui vous guideront vers la liberté financière. Les sept clés que vous avez découvertes sont les fondements de votre réussite financière et le moyen de prendre votre destinée en main.

1. La Clarté de Votre Vision

La première clé est la clarté de votre vision. Pour atteindre la liberté financière, vous devez avoir une vision précise de ce que cela signifie pour vous. Cela implique de définir vos objectifs financiers à court et à long terme, de créer un plan financier solide et de rester concentré sur votre vision malgré les distractions.

2. La Gestion Prudente de Votre Argent

La deuxième clé consiste en la gestion prudente de votre argent. Cela signifie établir un budget réaliste, épargner régulièrement, investir judicieusement et éviter les dettes inutiles. En ayant un contrôle total sur vos finances, vous serez en mesure de construire une base solide pour votre avenir financier.

3. La Diversification de Vos Revenus

La troisième clé est la diversification de vos revenus. Relying solely on one source of income is risky. By creating multiple streams of income, such as investments, side businesses, or passive income sources, you increase your financial security and flexibility.

4. La Maîtrise des Émotions Financières

La quatrième clé est la maîtrise des émotions financières. Les décisions impulsives basées sur la peur ou la cupidité peuvent entraîner des pertes financières importantes. En développant une approche émotionnellement intelligente de l'argent, vous pouvez éviter les pièges courants et prendre des décisions financières éclairées.

5. L'Investissement dans Votre Éducation Financière

La cinquième clé est l'investissement dans votre éducation financière. Plus vous en savez sur les principes financiers, l'investissement et les stratégies fiscales, plus vous serez en mesure de prendre des décisions éclairées pour votre avenir financier. La connaissance est un pouvoir précieux en matière d'argent.

6. La Discipline et la Persévérance

La sixième clé est la discipline et la persévérance. Atteindre la liberté financière demande du temps et des efforts constants. Vous devrez faire preuve de discipline pour suivre votre plan financier et de persévérance pour surmonter les obstacles qui se présenteront en cours de route.

7. L'Adaptabilité et l'Évolution

La septième clé est l'adaptabilité et l'évolution. Adaptez-vous aux évolutions financières et ajustez votre plan. Soyez ouvert aux nouvelles idées, aux opportunités et aux ajustements nécessaires pour maintenir votre succès financier.

En embrassant ces sept clés, vous avez les outils nécessaires pour prendre votre destinée financière en main. La liberté financière n'est pas un objectif lointain et inaccessible, mais une réalité que vous pouvez atteindre grâce à la diligence, à la persévérance et à une compréhension approfondie des principes financiers.

Votre avenir financier est entre vos mains, et en suivant ces sept clés, vous avez le pouvoir de le façonner selon vos propres termes. Que vous recherchiez la sécurité financière, la prospérité ou la capacité d'aider les autres, ces clés vous guideront vers votre destination financière.

Je vous encourage à prendre le temps de réfléchir à ces clés, à élaborer un plan d'action concret et à vous engager dans la poursuite de votre liberté financière. Votre avenir financier commence aujourd'hui, et vous avez tout ce qu'il faut pour réussir.

C.3.4 Un appel à l'action

À ce stade, vous avez plongé dans les profondeurs de l'art de la liberté financière. Vous avez exploré les sept clés essentielles qui vous permettront de prendre votre destinée financière en main. Vous avez compris l'importance de la vision, de la gestion prudente de l'argent, de la diversification des revenus, de la maîtrise des émotions financières, de l'investissement dans votre éducation financière, de la discipline et de la persévérance, ainsi que de l'adaptabilité et de l'évolution.

Maintenant, il est temps de passer à l'action. Une compréhension profonde de ces clés ne suffira pas à transformer votre situation financière. Vous devez mettre en pratique ce que vous avez appris. Vous devez prendre des mesures concrètes pour avancer vers la liberté financière que vous désirez.

L'action est la clé de la transformation financière.

Imaginez ceci: si vous lisez un livre sur la cuisine, mais que vous ne mettez jamais les pieds dans la cuisine pour cuisiner, vos compétences culinaires ne s'amélioreront pas. De même, la liberté financière ne se réalisera pas tant que vous n'appliquerez pas les principes financiers que vous avez appris.

1. Établissez des objectifs financiers clairs et spécifiques.

L'action commence par la définition d'objectifs financiers clairs et spécifiques. Où voulez-vous être financièrement dans un an, cinq ans, dix ans ? Quels sont vos objectifs à court terme et à long terme ? Identifiez-les, écrivez-les et créez un plan pour les atteindre.

2. Créez un budget réaliste.

Un budget est l'outil essentiel pour gérer votre argent de manière responsable. Établissez un budget qui reflète vos revenus et vos dépenses, et assurez-vous de vivre en dessous de vos moyens. Cela libérera de l'argent que vous pourrez épargner et investir pour votre avenir.

3. Éduquez-vous continuellement.

Investissez dans votre éducation financière en lisant des livres, en suivant des cours, en écoutant des podcasts et en suivant l'actualité financière. Plus vous en savez, plus vous serez en mesure de prendre des décisions éclairées.

4. Diversifiez vos revenus.

Ne dépendez pas d'une seule source de revenus. Cherchez des opportunités de créer des flux de revenus supplémentaires, que ce soit par l'investissement, le freelancing, la création d'entreprises, ou d'autres moyens.

5. Gérez vos émotions financières.

Reconnaissez vos réactions émotionnelles face à l'argent et apprenez à les gérer. Ne laissez pas la peur ou la cupidité dicter vos décisions financières.

6. Restez discipliné et persévérez.

La route vers la liberté financière peut être semée d'obstacles. Restez discipliné dans la poursuite de vos objectifs financiers, et persévérez même lorsque les temps sont durs.

7. Adaptez-vous et évoluez.

Soyez prêt à ajuster votre plan financier en fonction des changements de votre vie et des conditions économiques. Restez ouvert aux nouvelles idées et opportunités.

C'est maintenant votre moment.

DEVENIR LIBRE FINANCIÈREMENT

Votre avenir financier est entre vos mains. Vous avez le pouvoir de prendre des décisions qui façonneront votre destinée financière. Vous avez appris les sept clés essentielles pour atteindre la liberté financière, et il est temps de les mettre en pratique.

Ne remettez pas à plus tard. Ne laissez pas la procrastination ou la complaisance vous retenir. Prenez des mesures dès aujourd'hui pour progresser vers vos objectifs financiers. Chaque petit pas compte, et avec le temps, ces actions délibérées vous rapprocheront de la liberté financière que vous méritez.

Je vous encourage à retourner à ce livre chaque fois que vous avez besoin d'inspiration ou de conseils. Révisez les clés, réévaluez vos objectifs, et ajustez votre plan au fur et à mesure que vous avancez. Votre voyage vers la liberté financière est un voyage continu, et chaque étape que vous franchissez vous rapproche de votre destination.

Alors, que l'aventure commence! Prenez votre destinée financière en main, agissez avec détermination, et réalisez vos rêves financiers. Vous avez tout ce qu'il faut pour réussir.

BIBLIOGRAPHIE

01. "Père riche, Père pauvre" par Robert T. Kiyosaki - Éditeur: Warner Books (1997).

02. "L'homme le plus riche de Babylone" par George S. Clason - Éditeur: Penguin Books (1926).

03. "Votre argent ou votre vie" par Vicki Robin et Joe Dominguez - Éditeur: Penguin Books (1992).

04. "Millionnaire à tout prix" par Thomas J. Stanley et William D. Danko - Éditeur: Longstreet Press (1996).

05. "Les secrets d'un esprit millionnaire" par T. Harv Eker - Éditeur: HarperBusiness (2005).

06. "La semaine de 4 heures: Travaillez moins, gagnez plus et vivez mieux!" par Timothy Ferriss - Éditeur: Random House (2007).

07. "La psychologie de l'argent" par Morgan Housel - Éditeur: Harriman House (2020).

08. "Investir dans l'immobilier" par Robert G. Allen - Éditeur: Simon & Schuster (1986).

09. "L'investisseur intelligent" par Benjamin Graham - Éditeur: Harper & Row (1949).

10. "Réfléchissez et devenez riche" par Napoleon Hill - Éditeur: Ralston Society (1937).

www.ingramcontent.com/pod-product-compliance
Lightning Source LLC
Chambersburg PA
CBHW052317220526
45472CB00001B/157